# 종교분쟁,
## 무엇이
## 문제일까?

**종교분쟁 무엇이 문제일까?**

초판 2쇄 발행   2024년 5월 8일

**글쓴이**       최준식

**편집**         이용혁
**디자인**       이재호

**펴낸이**       이경민
**펴낸곳**       ㈜동아엠엔비
**출판등록**     2014년 3월 28일(제25100-2014-000025호)
**주소**         (03972) 서울특별시 마포구 월드컵북로22길 21, 2층
**홈페이지**     www.dongamnb.com
**전화**         (편집) 02-392-6901   (마케팅) 02-392-6900
**팩스**         02-392-6902
**SNS**          🅕 🅞 🅝
**전자우편**     damnb0401@naver.com

**ISBN**         979-11-6363-709-7 (44300)

10대가 꼭 읽어야 할
사회·과학교양 18

Christianity

Judaism

종교분쟁,
무엇이
문제일까?

최준식 지음

Hinduism

종교 간 갈등의 원인과
한국형 종교분쟁의 실태

동아엠앤비

작가의 말

인류는 유사 이래 수많은 전쟁과 분쟁을 겪어왔다. 인류사는 전쟁사라고 불러도 될 정도로 전쟁이 끊어진 적이 없었다. 20세기 말 공산주의의 붕괴와 함께 냉전 체제가 끝난 것으로 보여 인류 사회에 전쟁이 더 이상 없으리라고 예견된 적도 있었다. 그러나 실제는 그렇게 돌아가지 않았다. 그 뒤로도 작은 전쟁들이 지구 곳곳에서 일어났기 때문이다.

그 이후에 있었던 전쟁 혹은 분쟁 중에 가장 극적인 것은 아마 2001년 9월 11일에 이슬람의 테러리스트 조직인 알카에다가 미국 뉴욕과 워싱턴에서 벌인 비행기 자살 공격일 것이다. 이 사건은 미국 본토가 적의 공격에 처음으로 노출됐다는 점에서 주목받았지만 무장 세력이 다수의 무고한 일반 시민을 목표로 삼아 살생을 저질렀다는 사실이 더 큰 충격을 준 사건이었다.

이 사건의 발생에는 여러 문제가 얽혀 있지만 가장 근본적인 이유는 종교적인 것이었다. 한마디로 정리하면 기독교(개신교)와 이슬람교가 상충한 것이라고 할 수 있다. 물론 여기서 말하는 이슬

◎ 9.11 테러 사건을 다룬 각국의 언론들.

람은 평화를 원하는 대다수 이슬람 세력이 아니라 극소수의 테러
분자를 뜻한다. 이 테러에 대한 보복으로 미국은 곧 이라크를 침
공하게 되는데 이는 기독교가 이슬람교를 공격한 경우가 된다. 이
런 식으로 지난 역사 동안 기독교 세력과 이슬람 세력은 끊임없이
전쟁을 일삼았고 현재도 진행 중이다.

　이러한 시각에서 인류사를 보면 과거에도 일어났고 지금도 일

어나고 있는 분쟁 가운데 종교와 얽혀 있는 것이 꽤 많은 것을 알수 있다. 지난 역사 동안 인류가 행했던 전쟁 가운데 종교나 이념의 차이로 일어난 것은 의외로 많다. 이 전쟁에 대해 정확한 통계자료를 만들 수 있는 것은 아니지만 인류가 일으킨 전쟁 가운데반 이상이 종교와 관계된 것 아닐까 하는 생각이다. 그러나 종교에 의해 촉발되었거나 더 조장된 전쟁까지 합치면 이 숫자는 훨씬더 증가해야 할 것이다.

전쟁이 일어나는 주요 원인 가운데 하나로 종교 혹은 이념의차이를 들 수 있다고 했다. 같은 종교나 같은 이념을 신봉하는 국가들 사이에는 분쟁이 잘 일어나지 않지만, 반대의 경우는 분쟁의소지가 커진다. 따라서 같은 민족이라도 신봉하는 종교나 이념이다르면 분쟁이 일어날 가능성이 크지만 인종이 다른 민족이라도그들이 따르는 종교나 이념이 같으면 분쟁이 일어날 가능성이 작아진다. 이러한 사정은 전 세계에 있는 국가를 종교나 이념적으로나누어보면 더 쉽게 알 수 있다.

이 주제에 관해 뛰어난 통찰력을 보여준 정치학자 새뮤얼 헌팅턴(Samuel Phillips Huntington)은 저서 『문명의 충돌』(1996년)을 통해전 세계를 9개의 문명권으로 구분했다. 그는 인류의 역사가 여러문명이 충돌하면서 일으킨 전쟁으로 점철되어 있다고 주장했는데이런 시각으로 보면 앞에서 말한 것처럼 인류사를 전쟁사로 보는시각이 설득력이 있을 수 있다. 헌팅턴이 나눈 문명 가운데에서중요한 문명은 6개인데 '서구 기독교문명', '동방정교회 문명', '이

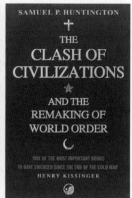

◎ 새뮤얼 헌팅턴과 그의 저서 『문명의 충돌』.

슬람 문명', '유교 문명', '힌두 문명', '불교 문명'이 그것이다. 여기에서 우리는 매우 중요한 사실을 하나 발견할 수 있다. 이 문명들이 모두 종교로 구분되었다는 것이다. 다시 말해 이 문명들은 종교에 기반해 세워진 것이고, 이 문명들 사이의 분쟁은 종교분쟁이라고 이해할 수 있다. 그의 이 같은 분석은 특히 미국의 9.11 테러 사건 때 빛을 발했다. 그것은 앞에서 말한 것처럼 전형적인 기독교 문명과 이슬람 문명의 충돌이었기 때문이다.

다만 헌팅턴이 간과한 사실이 있는데 인류 사회에 일어난 분쟁들의 주요 원인은 종교에만 있는 것이 아니라 이데올로기라고 불리는 이념에서도 찾을 수 있다는 점이다. 종교의 차이로 국가 간 분쟁이 일어나기도 하지만 신봉하는 이념이 달라도 분쟁이 일어날 수 있다는 얘기다. 이데올로기라는 것은 '세속적인 종교'라고 할 수 있을 정도로 종교와 비슷한 점을 많이 갖고 있다. 흔히 종교는 '절대신념 체계'라고 하는데 이데올로기도 거의 비슷한 수준에 있기 때문에 그렇게 말할 수 있는 것이다. 이때 말하는 '절대신념'이란 자신이 신봉하는 이념만이 진리라고 생각하는 배타적인 생각을 말한다.

신봉하는 이념이 달라 생기는 분쟁의 대표적인 예는 멀리 가서 구할 것 없이 남북한의 대립을 보면 된다. 남북한이 같은 민족이라는 것은 명약관화한 사실이지만 그들이 70년 이상을 첨예한 갈등상태에 있는 것은 믿는 이념이 다르기 때문이다. 남한은 자유민주주의, 북한은 공산주의라는 서로 대립하는 이념을 신봉하고 있다. 때문에 같은 민족임에도 불구하고 머리에 들어있는 생각의 차이로 인해 혹독한 전쟁을 치렀을 뿐만 아니라 여전히 첨예하게 대립하고 있다.

반면 같은 문명에 속한 국가들은 민족이 달라도 분쟁이 일어날 소지가 적다. 현대에만 국한해서 보면, 서구 기독교 문명권의 나라들은 서로 전쟁을 일으키지 않는다. 예를 들어 프랑스가 독일을 상대로 전쟁을 한다거나 영국이 미국과 전쟁을 하는 것은 일어날 확률이 아주 낮은 일이다. 이들은 모두 기독교(가톨릭과 개신교)라는 같은 종교를 믿는 국가이기 때문에 서로 침공할 생각을 하지 않는 것이다. 그리고 이렇게 종교가 같은 나라들은 국가 간에 연합도 가능한데 그 좋은 예가 바로 유럽연합이다. 유럽연합이 생길 수 있었던 요인 중 하나는 이 국가들의 종교가 같다는 데에서 찾

◐ 나치의 침공에 맞서 싸우는 프랑스 시민들.

아볼 수 있다. 기독교의 동일한 신을 신봉하고 있기에, 쉽게 말해 같은 아버지를 모시고 있기 때문에 묶일 수 있었던 것이다.

그런데 이렇게 같은 신을 믿는 유럽인들도 전쟁을 하는 경우가 있다. 그것은 저마다의 이념이 다를 때 일어나는 현상이다. 여기에는 구 소련의 공산주의나 독일의 나치즘 같은 독재 정치 이념이 포함되는데 이런 이념들을 신봉하는 나라가 생기면 거기에는 반

작가의 말

드시 분쟁이 생기게 된다. 제2차 세계대전 때 독일은 프랑스를 침공했는데 같은 기독교를 믿는 국가 사이임에도 불구하고 이런 일이 발생한 것은 서로 신봉하는 이념이 달랐기 때문이다. 당시 프랑스는 자유민주주의를 지향한 것에 비해 독일은 나치즘이라는 극악한 전체주의적인 이념을 따르고 있었다. 여기서는 종교보다 이념이 더 큰 역할을 한 것이다.

자유민주주의 국가들 사이에는 그들이 믿는 종교가 다르더라도 전쟁이 일어나기 힘들다. 서유럽이 그런 전형적인 예에 속하지만 동아시아도 사정은 마찬가지다. 태국은 불교가, 인도네시아는 이슬람이 주 종교로 되어 있지만 같은 자유민주주의를 신봉하는 이 두 나라가 전쟁을 벌일 확률은 지극히 낮다. 한국과 일본도 마찬가지다. 역사나 영토 문제로 첨예한 갈등을 겪고 있지만 서로 전쟁을 일으킬 미래는 상상하기 어렵다. 이들은 자유민주주의를 신봉하기 때문에 문제가 생길 때 어떻게든 대화로 풀려고 하지 무력을 사용할 생각을 하지 않기 때문이다. 이런 여러 예를 통해 보면 이념은 종교와 더불어 분쟁을 일으키는 대단히 중요한 요인인 것을 알 수 있다.

그러나 인류가 벌이는 전쟁이나 분쟁이 종교라는 하나의 요인으로 일어나는 것은 아니다. 종교적인 요인과 더불어 인종적인 문제와 영토 문제 그리고 주도권(헤게모니) 쟁탈의 문제 등 정치적인 요인과 경제적인 요인이 섞여 있는 경우가 많다. 그리고 여기에 앞에서 말한 이념 문제까지 가세하면 이 분쟁들의 정확한 요인을 알

○ 인도와 파키스탄은 2021년 아랍에미리트의 중재로 정전협정을 체결할 때까지 20여년에 걸친 분쟁을 이어왔다.

아내는 일이 힘들 수 있다. 그러나 많은 경우 처음에는 종교적인 문제로 촉발되었는데 그것이 점차 영토 분쟁이나 경제권 분쟁 등으로 이어지는 사례가 적지 않다. 그 대표적인 예가 인도와 파키스탄이다.

뒤에서 다시 설명하겠지만 인도와 파키스탄 그리고 방글라데시는 원래 한 나라였다. 1947년 영국으로부터 해방된 인도는 인도 대륙과 동파키스탄과 서파키스탄으로 갈라지게 되는데 이들이 민는 종교가 달랐기 때문에 벌어진 일이다. 인도 대륙에 사는 사람들은 다양한 힌두교를 믿었던 반면 파키스탄 지역은 이슬람교를 믿었다. 종교가 달랐기 때문에 하나의 민족이었던 그들이 아예 살림을 따로 차려 다른 나라를 건립한 것이다.

이 같은 종교분쟁은 곧 영토 분쟁으로 이어졌는데 인도와 파키스탄 접경 지역에 있는 카슈미르 지방을 놓고 소유권 문제로 전쟁을 시작한 것이다. 영국 식민지 시절에는 같은 인도인으로서 함께 해방 운동을 도모했던 그들이 해방이 되자 종교의 차이로 다른 나라를 세우더니 급기야 영토 문제로 전쟁까지 벌인 것이다. 이처럼 종교분쟁은 영토 문제 등 여러 요인이 개입되면서 복잡해지는 양상을 맞게 된다.

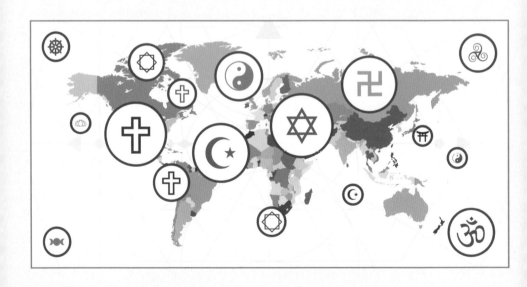

이 책에서는 이처럼 여러 요소가 복잡하게 얽힌 국가 간 분쟁에서 종교가 어떤 역할을 했는지, 어떤 종교분쟁이 있는지에 대해 알아보려고 한다. 그러기 위해 먼저 지금 인류가 신봉하고 있는 종교들에 대해 간략하게 짚고 넘어가겠다. 인류가 현재 어떤 종교를 믿고 있는지에 대해 전체적인 모습을 알아야 종교 간 분쟁이 어떻게 생겨났는지를 알 수 있기 때문이다. 더불어 종교분쟁이 종교의 어떤 요소 때문에 생겨났는지도 살펴볼 것이다. 종교분쟁이 일어나는 데에는 각 종교가 가지고 있는 교리적인 차이가 큰 역할을 했다. 이 차이를 정확히 알아야 종교분쟁의 전모를 파악할 수 있다.

# 1부

# 인류는 현재
# 어떤 종교를
# 믿고 있을까?

　　인류가 믿고 있는 종교와 그 교파들은 상상할 수 없을 정도로 많다. 가톨릭(천주교)처럼 교황을 중심으로 일원화되어 교파가 존재하지 않는 종교도 있다. 그러나 같은 기독교이지만 개신교는 사정이 조금 다르다.[1] 개신교의 경우는 우리 주위에도 장로교회니 순복음교회니 하는 매우 다양한 이름의 교회가 있어 그 정체가 선뜻 손에 잡히지 않는다. 거기다 같은 기독교라고 하는데 가톨릭과 개신교는 같은 듯 다르고 다른 듯 같은 점이 있어 헷갈린다. 그런가 하면 한국은 1,600년 이상 불교를 신봉해온 국가이기도 하다. 그래서 전국 각지에 절도 많고 길이나 TV 드라마 같은 데서 승려들을 심심치 않게 만날 수 있다. 요즘은 글로벌 시대를 맞이해 지

---

1　　그리스도교와 관련해 용어 사용에 대해 미리 밝혀야 할 것이 있다. 이 책에서 '기독교'라는 용어는 신·구교, 즉 가톨릭과 개신교를 포함해 모든 기독교 종파를 아우른 용어를 말한다.

난 과거 역사 동안 한국과 별로 관계없었던 종교인 이슬람도 심심치 않게 주변에서 그 모습을 발견하게 된다. 최근 이슬람 국가에서 많은 인력이 한국에 들어와 노동자로 일하면서 이슬람교도 새삼 우리 곁에 다가온 것을 느낄 수 있다.

## 세계 4대 종교는?

### ★★★

지금 거론한 종교 외에도 전 세계에는 극히 다양한 종교 혹은 종파들이 존재한다. 너무나 다양해서 종교학을 전공한 전문가들도 다 헤아리지 못할 정도다. 그러나 이 다양한 종교들을 한 눈에 파악할 수 있는 방법이 있다. 종교들의 뿌리를 캐보면 그 구도가 일목요연하게 단순해지는 것을 알 수 있다. 이를 위해 먼저 인류가 가장 많이 믿고 있는 세계의 주요 종교를 공부해야 한다. 종교가 다양하다고 하지만 대부분 그 원류라 할 수 있는 세계종교에서 파생했기 때문에 세계종교를 알면 복잡한 종교들의 계보가 어느 정도는 파악될 것이다.

세계의 주요 종교를 아주 단순하게 보는 방법이 있다. 신자 수로 헤아리는 것이다. 이 기준으로 볼 때 세계의 주요 종교는 4개라 할 수 있다. 다음 페이지 표에 4대 종교의 신자 수를 정리했는데 이는 대략의 숫자이지 정확한 것은 아니다. 각 종교의 정확한 신자 수를 헤아리는 일은 전지전능한 신이라도 하기 힘들 정도로 복잡하다. 특히 동양에서는 한 사람이 여러 신앙을 가지는 경우가 많기 때문에 더더욱 그렇다.

| 기독교 | 가톨릭 | 약 12억 명 | 약 25억 명 |
| --- | --- | --- | --- |
| | 개신교 | 약 6억 명 | |
| | 동방정교회 | 약 3억 명 | |
| | 기타 기독교 분파 | 약 4억 명 | |
| 이슬람교 | | | 약 18억 명 |
| 힌두교 | | | 약 11억 명 |
| 불교 | | | 약 5억 명 |

위에 나열한 4대 종교가 인류들이 가장 많이 믿는 종교다. 이 도표에 나온 대로 기독교는 세계에서 가장 큰 종교이고 그 뒤를 이어 이슬람교, 힌두교, 불교가 나온다. 그런데 신자 수가 적어 이 목록에는 들어가지 못했지만, 이들 4대 종교만큼 중요한 종교가 있으니 바로 유대교다. 전 세계적으로 신자는 약 1,500만 명에 불과하지만 거대 종교인 기독교와 이슬람교가 모두 이 유대교에서 비롯된 것이니 그 중요함을 필설로 다 할 수 없을 것이다.

유대교와 기독교 그리고 이슬람교의 관계에 대해서는 뒤에서 다시 보도록 하고, 여기서는 위의 종교별 신자 수 도표를 먼저 살펴보도록 하자. 이 표에 의하면 기독교 가운데 가톨릭이 신자가 제일 많은 종교로 나온다. 우리나라만 보면 주위에서 접할 수 있는

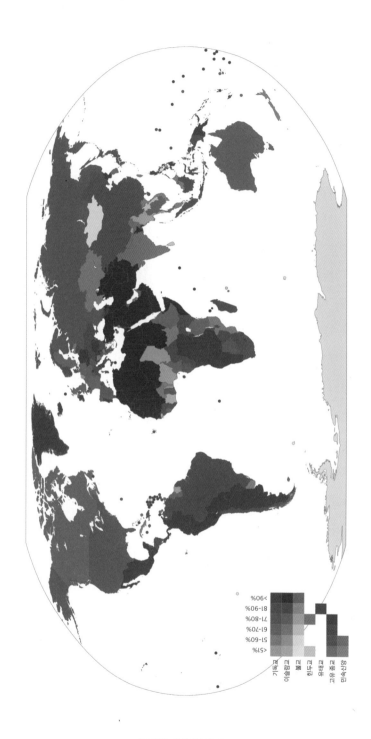

기독교
이슬람교
불교
힌두교
유대교
고유 종교
민간 신앙

<90%
81-90%
71-80%
61-70%
51-60%
<51%

1부 | 인류는 현재 어떤 종교를 믿고 있을까?

21

기독교인은 미국에서 전파된 개신교의 신자들이 대부분이기에 개신교가 가장 큰 교단이라고 생각하기 십상이다. 하지만 세계 지도를 들여다보면 알 수 있듯이 가톨릭이야말로 전 세계에 걸쳐 매우 넓게 확산되어 있는 최대의 기독교 세력이다.

가톨릭을 주 종교로 믿고 있는 지역으로는 유럽의 프랑스나 이탈리아, 북미 및 중부 아프리카의 일부 국가들이 있다. 놀라운 것은 중남미 대륙이 아예 가톨릭으로 도배되어 있다는 점이다. 그저 몇몇 나라만 가톨릭을 믿는 것이 아니라 멕시코부터 칠레까지 중남미라는 대륙 전체가 가톨릭으로 기울어져 있는 것이다. 이렇게 큰 대륙 하나가 한 종교만을 믿는 것은 좀처럼 일어나는 일이 아니다. 가톨릭이 세계 제1의 기독교 교단이 될 수 있었던 것은 바로 여기에서 그 원인을 찾을 수 있다. 그리고 이 많은 신자가 로마 교황청의 일사불란한 지휘를 받으니 그 힘이 얼마나 엄청난지 알 수 있을 것이다. 세계종교 가운데 가톨릭만이 이처럼 고도의 중앙집권화를 이루고 있다.

기독교 종파 가운데 가톨릭 다음으로 신자가 많은 것은 개신교인데 북미와 아프리카 중남부, 호주, 아시아 일부 그리고 영국이나 독일, 스웨덴 등과 같은 유럽 국가에서 신봉되고 있어 상당히 광활한 지역에 퍼져 있는 종교라는 것을 알 수 있다. 신도 수로만 따지면 이슬람, 가톨릭, 힌두교 다음으로 많다. 세계 4위의 종교인 셈이다. 기독교의 한 종파에 불과한 개신교 신도 수가 세계적 대종교인 불교마저 제쳤으니 그 위세가 얼마나 대단한지 알 수 있다.

이슬람교는 한 지역에 집중되어 있지만, 그 영역이 상당히 광활하다. 아랍 세계와 인도 북부 그리고 아프리카 북부와 중부에 걸쳐 넓은 지역에 퍼져 있으니 신도 수가 적을 수 없다. 이슬람교의 팽창은 여기서 그치지 않는다. 이슬람교를 믿는 나라로 동남아시아 국가인 말레이시아와 인도네시아도 있다.

재미있는 사실은 단일 국가로서는 인도네시아가 이슬람 신자가 가장 많다는 점이다. 인도네시아는 인구가 약 3억 명에 달하는데 그 가운데 약 90%가 무슬림이기 때문이다. 보통은 아랍 국가 중 하나가 신자가 가장 많은 국가일 것이라고 생각하기 쉬운데 사실은 그렇지 않은 것이다.

앞에 설명한 신자 수 표를 보면, 개개 종교 가운데에는 이슬람교의 신자 수가 제일 많은 것을 알 수 있다. 기독교 가운데 가장 큰 종파인 가톨릭 신자가 12억 명인데 이슬람교 신자는 18억 명에 달한다. 이슬람교도의 수가 이렇게 많은 것은 인도네시아 같은 나라에서 주민의 대다수가 이슬람 신자라는 사실이 그 주요한 이유가 되겠다.

힌두교가 제3위의 종교가 된 것은 충분히 예상할 수 있는 결과이다. 힌두교는 사실상 인도에 집중된 종교인데 인도 인구 14억 명 가운데 약 80%인 11억 명이 힌두교도라고 한다. 덕분에 힌두교가 세계에서 세 번째로 큰 종교가 된 것이다. 단일 국가의 종교가 이렇게 세계적인 종교가 된 것은 매우 드문 경우라 하겠다.

불교는 한때 신도 수 1위의 종교였다. 중국이 공산화되기 전에 중국인 대부분이 불교도였기 때문이다. 그러나 중국인들이 불교만 믿은 것은 아니다. 고유 종교인 유교나 도교도 신봉했는데 그들은 이 종교들을 배타적으로 믿는 게 아니라 동시에 같이 믿었다. 다시 말해 중국인은 유교도이자 도교도이고 불교도였던 것이다. 이렇게 한 번에 여러 종교를 믿는 신앙 행태는 동북아시아에서 많이 발견되는 일반적인 모습으로 한국이나 일본도 마찬가지였다. 한국인들은 유교적인 제사를 지내면서 불교를 신봉했고 고유 종교인 무속도 따랐다. 이러한 동북아시아의 신앙 행태를 다중 신앙(multifaith)이라고 부르기도 한다.

그런데 20세기 중반 공산 정권이 들어서면서 중국의 종교적

◐ 아시아에는 다양한 종교가 혼재하며 경계선이 애매모호한 경우도 많다.

상황이 크게 바뀌었다. 공산주의는 기본적으로 종교를 인정하지 않기 때문에 불교의 입지가 매우 약해져 과거와 같은 성황은 사라지게 된다. 결과적으로 세계 불교도의 수를 계산할 때 중국이 제외되어 신자 수가 대폭 줄어들었고 현재 동남아시아나 한국, 일본 등지에서만 부분적으로 신앙되는 비교적 작은 종교가 되었다.

지금까지 세계종교가 어떻게 포진되어 있는지 설명했는데 이 사실만으로는 종교 간 갈등이 왜 생기는지 알기 힘들 것이다. 이를 위해서는 종교들의 계보를 알아야 한다. 각 종교가 어떻게 생겨나서 어떤 식으로 발전했는지를 알아야 종교 간 갈등이 왜 생겨났는지를 이해할 수 있다.

# 세계종교의 기원을 찾아서
★ ★ ★

앞에서 거론한 세계종교를 보면 이 종교들이 크게 두 그룹으로 나뉜다는 것을 알 수 있다. 먼저 가톨릭과 개신교, 이슬람교가 한 그룹을 형성하고 힌두교와 불교가 또 한 그룹을 이룬다. 앞의 세 종교는 중근동 지역에서 생긴 것이고 뒤의 두 종교는 인도에서 생긴 것이다. 당연한 얘기겠지만 이 두 축 가운데 앞의 축은 이스라엘이 중심이 된 근동 지방에 자리를 잡았고 뒤의 축은 인도 지방에 자리를 잡았다.

# ✳ 중근동 지역의 시원 종교인 유대교 ✳

먼저 이스라엘을 축으로 삼아 생겨난 세 종교부터 보자. 이 종교들은 모두 같은 조상을 갖고 있다. 다시 말해 한 종교에서 이 세 종교가 유래했다는 것이다. 그 종교는 바로 유대교이다. 유대교는 앞에서 본 것처럼 신자가 1,500만 명밖에 안 되는 작은 종교이지만 다른 종교에 끼친 영향으로 보면 세계에서 가장 중요한 종교 중 하나라고 해야 할 것이다.

약 4천 년 전에 이스라엘 지방에서 시작된 유대교는 '야훼'를 유일신으로 섬긴다. 유대교를 세운 사람을 딱히 집어 말할 수 없지만 유대교도들은 대체로 아브라함이 자신들의 최초 조상이라

○ 기독교의 '구약성서'에 해당하는 유대교 경전 '타나크(Tanakh)'.

는 믿음을 갖고 있다.

그런데 기독교도나 이슬람교도들도 그들의 최초의 조상을 아브라함이라고 여기기 때문에 이 세 종교의 뿌리가 같다고 한 것이다. 그뿐만이 아니다. 유대교의 경전은 현재 기독교인들이 '구약성서'라 부르고 있는 경전이다. 기독교의 경전은 잘 알려진 것처럼 구약성서와 신약성서로 되어 있는데 이 구약성서는 원래 유대교의 경전이었다. 기독교가 유대교에서 파생되어 나오면서 유대교의 경전을 자기 것으로 삼은 것이다.

이슬람교도 이 구약성서를 그대로 인정해서 아브라함이나 모세 등을 자기들의 조상으로 생각한다. 이렇게 보면 이 세 종교는 사람들이 생각하는 것보다 훨씬 더 밀접한 것을 알 수 있다. 그저 가까운 것이 아니라 같은 부모에게서 나온 형제자매 종교라고 해야 할 것이다. 야훼(알라)라는 유일신을 믿으며 아브라함을 공동 조상으로 섬길뿐더러 경전까지 공유하니 얼마나 가까운 종교인가?

## ✳ 기독교의 시작과 발전 ✳

이렇게 수천 년을 내려오던 유대교는 서기 1세기가 시작될 무렵 예수의 등장과 함께 대변혁 운동이 일어난다. 기독교는 예수로 인해 시작되지만 사실 예수는 기독교인이 아니라 유대교인이었다. 그는 약 2천 년 동안 존속했던 유대교 전통을 이으면서 엄청난 변화를 꾀했는데 그가 기존의 유대교에 준 충격이 너무 강해 기독교라는 새 종교로 발전하게 된다. 예수가 가져온 대변혁이 무엇이었기에 새로운 종교까지 탄생하게 된 것일까?

예수가 이루어낸 가장 중요한 업적은 유대교를 '세계종교'로 만들었다는 데에 있다. 예수에 의해 유대인들이 믿었던 야훼라는 신은 유대 사람만 믿는 제한된 신이 아니라 인종과 지역을 넘어선 보편적인 신이 되었다. 예수는 유대인이든 비유대인이든, 남자든 여자든, 인종이 같든 다르든 그런 조건과 관계없이 모든 사람을 사랑하고 용서하라고 가르쳤다. 예수 이전에는 일반 사회는 말할 것도 없고 종교에서도 '눈에는 눈, 이에는 이'와 같은 원리에 따른 보복을 가르쳤다. 이 원리를 적용할 때 하나의 예외도 두지 않았다. 누가 나를 괴롭히거나 내 물건을 빼앗아 가면 반드시 그에 상응하는 보복을 해야 한다.[2]

그러나 예수는 이러한 행동은 생명에 반하는 것이라고 주장하면서 무조건적인 사랑과 용서를 가르쳤다. 이런 보편적인 덕목 때문에 기독교는 나라나 인종, 민족과 관계없이 어느 나라, 어느 지역에도 전파될 수 있었다. 그 결과 지금은 세계 1위의 종교가 된 것이다.

기독교는 4세기에 로마 제국의 국교가 되면서 비약직인 발전을 했는데 이후 우리가 눈여겨 볼 부분은 기독교의 분파다. 가장 먼저 언급해야 할 것은 동방정교회(Greek Orthodox)의 발생이다. 이

---

2    실질적으로는 엄벌주의가 아니라 '당한 만큼만 갚아라'라는 과잉형벌 금지 원칙에 가깝다.

○ 동방정교회 사제들.

교단은 한국에서는 교세가 약해 잘 알려져 있지 않지만 기독교에
서는 정통 교단으로 이름이 높고 신도도 약 3억 명이 되는 등 상
당한 교세를 자랑한다.

　이 교파 발생에는 대단히 복잡한 역사가 있지만 아주 간단하
게 보면 다음과 같다. 중세 유럽은 로마 중심의 동로마 제국과 콘
스탄티노플(현 이스탄불) 중심의 서로마 제국으로 나뉘어 있었다. 이
두 제국에는 각각 가톨릭교회가 있었는데 이 교회들 간에 세력
다툼은 있었지만 분열된 것은 아니었다. 그러나 11세기에 가톨릭
교단의 헤게모니를 두고 두 교회가 격돌했고 너무 강하게 부딪힌
나머지 다시 통합할 수 없는 상태가 되었다.

　결국 가톨릭교회는 2개로 분열하게 되는데 서유럽의 가톨릭과

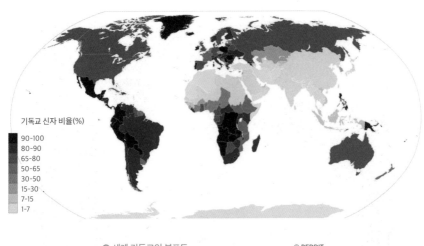

❂ 세계 기독교인 분포도　　　　　© REDDIT

동유럽의 동방정교회가 그것이다. 이 전통은 지금까지 이어져 서
유럽은 가톨릭을 믿고 있는 반면, 러시아를 비롯한 동유럽에서는
동방정교회가 강세를 보이고 있다. 동방정교회 본부는 이전처럼
터키의 이스탄불에 있지만 신도 수로 보면 러시아와 그리스 정교
회 쪽의 신도가 훨씬 많다. 그러나 러시아 정교회나 그리스 정교
회는 별도의 교단이라기보다는 동방정교회 소속으로 나라를 달
리하는 조직으로 보면 되겠다.

　가톨릭이나 동방정교회는 개신교의 교파에 해당하는 장로교
나 감리교 같은 분파는 없고 한 교회로서만 존재할 뿐이다. 가톨
릭의 모든 교회와 수도회는 로마 교황청에 소속된다. 가톨릭 안
에는 2023년 기준 교황인 프란치스코(Franciscus)가 소속되어 있는
예수회나 베네딕트 수도회(한국 이름은 분도 수도회) 같은 수도 단체가

엄청나게 많다. 이 단체들은 각자
의 취지에 따라 독자적인 행보를
하는 것처럼 보이지만 반드시 교
황청의 지휘를 받아야 한다. 따라
서 가톨릭은 대단히 일사불란하
게 움직인다. 마찬가지로 세계 각
지역에 산재되어 있는 정교회의
교회들도 이스탄불에 있는 동방
정교회에 소속되어 있는데 가톨
릭보다는 비교적 자유롭게 활동
하는 편이다.

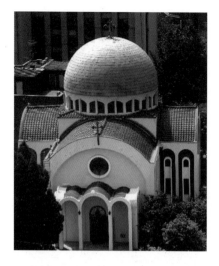

◐ 서울 마포에 위치한 한국 정교회의 성 니
콜라스 대성당.

　기독교 역사에서 그다음으로 중요한 사건은 말할 것도 없이 종
교개혁 운동이다. 이 운동은 16세기 초에 독일인 신부 마르틴 루
터(Martin Luther)에 의해 시작됐다. 1517년 루터가 면죄부 남용 등
기존 가톨릭이 지니고 있던 부패상을 95가지 사안(95개 조 반박문)으
로 정리하여 고발하자 유럽 전역은 발칵 뒤집혔다. 이 운동은 거
침없이 영국, 네덜란드, 프랑스 등으로 퍼져나가 결국 하나의 교파
를 만들게 된다. 프로테스탄트, 즉 개신교라 불리는 새로운 기독교
전통이 서게 된 것이다.

　이 교파가 개신교로 불리게 된 것은 기존의 가톨릭을 대폭 개
혁했기 때문이다. 가장 큰 개혁은 인간이 신부를 통해서만 구원받
을 수 있다는 가톨릭과 달리 인간의 구원은 사제가 아니라 개인

● 마르틴 루터가 비텐베르크성 교회 대문에
붙인 95개 조 반박문.

의 믿음으로써만 가능하다는 주장이다. 신부가 필요 없게 된 것이다. 이처럼 기독교식의 구원의 문이 활짝 열리게 되었는데 외부에서 볼 때 가장 큰 변화는 사제가 결혼할 수 있다는 점이다. 사제가 결혼할 수 있다는 것은 그만큼 종교가 세속화되어 일반인에게 가까이 왔다는 것을 뜻하기 때문이다.

　개신교는 이렇게 개인의 신앙을 중요시했기 때문에 많은 분파가 생겼다. 가톨릭은 사제의 정점이라 할 수 있는 교황을 중심으로 교회의 조직이 물 샐 틈 없이 짜여 있기 때문에 분파가 용납되지 않았다. 그러나 개신교는 교황 같은 중심이 없어 개인이 자유롭게 종교 체험을 하고 그에 따라 많은 교파를 만들게 되었다. 이 교파 가운데 한국인에게 친숙한 것으로는 장로교, 감리교, 침례교, 구세군, 성공회(영국 기원 교회) 등이 있는데 세계에서 가장 큰 교회라고 하는 여의도 순복음교회는 이런 종파가 아닌 '오순절 교회'에 속한다. 이외에도 전 세계에는 수만 가지의 개신교 교파가 활동하고 있다. 다시 말해 개신교 안에는 우리에게 익숙한 장로교나 감리교 같은 종단이 수만

◎ 한때 신자 수가 83만 명에 달하기도 한 여의도 순복음교회 전경.

개가 있다는 것이다.

이들 교단이 보이는 신앙의 행태도 천차만별이다. 어떤 교단은 목사 제도를 아예 없애버렸는가 하면 또 어떤 교단은 교회를 만들지 않는 경우도 있다. 개신교는 이처럼 다양하고 활발하게 활동하고 있다.

다음 페이지 표는 기독교의 전모를 간단하게 정리한 것이다. 기독교는 앞에서 설명한 대로 세 개의 큰 종파로 나눌 수 있는데 여기서 특별히 거론해야 할 것은 개신교다. 가톨릭이나 동방정교회에는 교파라는 것이 따로 없지만 앞에서 말한 대로 개신교에는 수많은 교파가 있기 때문이다. 여기에는 신도가 많은 큰 교파만 적었지만 여기에 포함되지 않는 교파 역시 상당히 많다. 개중에는 이단으로 낙인찍힌 교단도 많은데 여기서는 제외했다. 이 이단 교단에는 '여호와의 증인' 같은 대표적인 신흥 교단이 있고 같은 부류로 우리나라에도 통일교나 신천지교회 같은 신흥 종단들이 있지만 여기에는 포함하지 않았다. 전 세계의 기독교를 훑어보면 대단히 복잡해서 비전공자들은 물론이고 기존의 기독교도들도 헷갈리기 쉬운데 표를 보면 어느 정도는 갈피를 잡을 수 있을 것이다.

| 가톨릭(Roman Catholic) | |
|---|---|
| 동방정교회(Greek Orthodox) | 러시아 정교회. 그리스 정교회 등 |
| 개신교(Protestant) | 장로교(Presbyterian)<br>감리교(Methodist)<br>침례교(Baptist)<br>구세군(SalvationArmy)<br>성공회(AnglicanChurch)등(수만개의교파가있음) |
| 기타 기독교적 교파들 | 통일교, 모르몬교, 크리스천 사이언스 등 |

## ✳ 이슬람교는 어떤 종교? ✳

다음은 이슬람교를 보자. 이슬람교는 7세기에 아라비아반도에 살았던 무함마드(Muhammad)가 창시한 종교인데 이 종교는 유대교와 기독교의 새로운 버전이라고 생각해도 크게 틀리지는 않을 것이다. 왜냐하면 이슬람교는 그들의 경전인 '꾸란(코란)'을 갖고 있지

○ 이슬람교는 알라 외의 우상숭배를 금기시하기에 무함마드의 얼굴도 묘사하면 안 된다.

만 구약성서를 인정하고 유대교나 기독교처럼 아브라함을 자신들의 시조로 생각하기 때문이다. 게다가 무함마드가 종교 체험을 할 때 가브리엘 천사의 안내를 받아 알라를 만나러 갔다고 하는데 가브리엘 천사는 구약성서에 나오는 천사이기도 하다.

무함마드가 출생한 메카(Mecca)에는 기독교인과 유대인이 많이 거주하고 있었기에 이들의 신앙에서 많은 영향을 받았을 것이라는 사실은 쉬이 짐작할 수 있다. 당시 메카에는 다신교가 성행하고 있었는데 이것을 정리하겠다는 생각으로 유대교나 기독교의 유일신 사상을 받아들여 아랍에 맞게 새롭게 고친 것이 이슬람교의 시작이다. 그가 이런 일을 한 데에는 아랍의 정신을 통일하고 싶었던 목적이 있다. 이것은 '이슬람(Islam)'의 뜻을 알면 더 잘 알 수 있다. 이슬람이란 복종을 의미하는데 이것은 알라라는 유일신에게 복종하는 것을 뜻한다. 무함마드는 당시 아랍 사회에 팽배해 있는 다신교 신앙을 유일신 신앙으로 통일시킴으로써 아랍 사회를 진일보시키고 싶은 생각을 갖고 있었다.

이슬람교와 유대교, 기독교는 많은 점을 공유하고 있지만 차이점 역시 적지 않다. 특히 그들의 구세주에 대한 개념을 보면 차이를 확연하게 알 수 있다. 이들 모두 구세주의 강림을 기원하지만 각 종교에서 그리는 구세주는 조금씩 다르게 나타난다. 먼저 유대교를 보면, 이들은 구세주(메시아)가 강림해 그들을 구원할 것이라고 믿지만 구세주는 아직 오지 않았다고 주장한다. 기독교와 달리 예수를 구세주로 인정하지 않은 것이다. 그러나 기독교는 잘 알려진 것처럼 예수를 구세주로 여긴다. 그리고 그만이 인간을 구원시킬 능력을 갖고 있다고 주장한다. 이른바 예수유일주의 사상이다.

반면 이슬람은 확연한 구세주 사상을 갖고 있지 않다. 이슬람교를 세운 무함마드는 구세주가 아니고 단지 예언자일 뿐이다. 즉 무함마드는 사람이라는 것이다.[3]

그리고 무슬림들은 유대교나 기독교가 이슬람교가 나오기 전에 살았던 사람들에게 전한 알라의 계시라고 생각한다는 점에서 이 두 종교를 인정한다. 그런데 (이슬람교도들의 입장에서) 문제는 이 두

---

[3]    반면에 기독교도들은 예수를 인간이면서 동시에 신으로 숭배한다.

◐ 이태원에 위치한 한국 이슬람교 서울중앙성원.

종교가 알라의 말씀을 왜곡했다는 데에 있다. 무슬림들은 무함마드가 이 왜곡을 바로 잡고 진정한 알라의 가르침을 전하기 위해 이슬람교를 개창했다고 믿는다. 이런 시각에서 무함마드는 이 가르침을 완성시키는 마지막 예언자이기 때문에 그의 이후로 예언자가 더 이상 나타나지 않는다는 것이 무슬림들의 주장이다.

이슬람교 역사에서 이 책의 주제인 종교분쟁과 관련해 꼭 알아야 할 것은 이슬람교가 크게 두 개의 분파로 나누어져 있다는 사실이다. 이슬람에는 많은 종파가 있지만 가장 큰 종파는 '시아파(혹은 쉬아파)'와 '순니파(혹은 수나파, 수니파)'이다. 이 두 종파는 나중에 이슬람교 안에서 가장 큰 분쟁의 발단이 되기 때문에 이들에 대

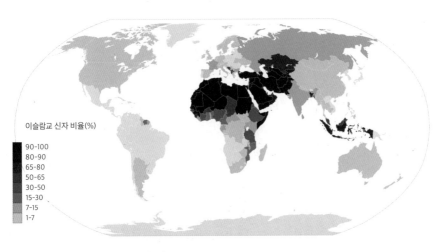

이슬람교 신자 비율(%)

- 90-100
- 80-90
- 65-80
- 50-65
- 30-50
- 15-30
- 7-15
- 1-7

○ 세계 이슬람교 분포도.　　　　　　© REDDIT

해 기본적인 지식을 갖고 있어야 한다.

　이슬람교가 이 두 종파로 갈리게 된 가장 큰 요인은 무함마드가 죽은 뒤 누가 그의 뒤를 이어야 하는가를 놓고 의견이 갈렸기 때문이다. 이 가운데 다수를 차지한 파는 순니파로 무슬림의 80~90%를 차지한다. 이들은 무함마드의 계승자가 그의 가족일 필요는 없다는 입장을 취했다. 시아파는 이 같은 순니파의 해석에 반대하면서 무함마드의 계승자는 반드시 그의 가족 내에서 나와야 한다고 주장했다. 왜냐하면 가족만이 꾸란의 내적인 의미를 제대로 이해하고 가르칠 수 있기 때문이라는 것이다.

　시아파는 이란과 이라크에 가장 많이 있는데 이란은 인구의 90% 이상이 시아파에 속하고, 이라크는 60% 이상이 시아파라고 한다. 그래서 이란은 시아파의 종주국 같은 역할을 한다. 그에 비해 순니파는 사우디아라비아나 쿠웨이트를 위시해 세계 곳곳에 퍼져 있는데 세계 최대의 이슬람 국가인 인도네시아도 순니파가 주류를 이룬다. 인도네시아에 순니파가 많이 있지만 순니파의 중심 국가는 이라크이다. 나중에 다시 다루겠지만 이란과 이라크가 천 년 이상 서로 다투는 것은 이처럼 양국이 신봉하는 종파가 다르기 때문이다. 같은 종교를 믿어도 종파가 다르면 이처럼 오랜 기간 동안 다툴 수 있다는 것을 이 두 나라의 예에서 알 수 있다.

이번에는 독자들의 이해를 돕기 위해 공동 조상을 갖고 있는 이 세 종교의 관계를 도표로 그려보자.

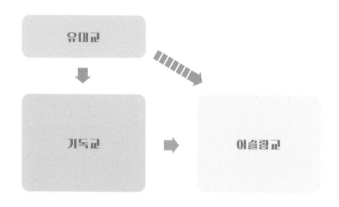

이 도표는 단순하지만 세 종교의 관계를 확실하게 알려준다. 우선 기독교가 유대교에서 파생되었다는 명백한 사실을 보여주고 있다. 그에 비해 이슬람교는 기독교의 자매 종교로 기독교와 유대교의 강한 영향 속에 태어난 종교라는 것도 이 도표를 통해 알 수 있다. 재미있는 것은 종교의 역사를 살펴보면 형제자매 같은 이 세 종교가 오랜 세월 갈등 관계에 있었다는 것이다. 뒤에서 자세하게 다루겠지만 이 세 종교 가운데 둘 이상이 모이면 분쟁이 일어나는 경우가 많았다.

## ✳ 인도에서 생겨난 종교에 대해 ✳

중근동 종교 이야기는 이 정도로 하고 인류 종교의 다음 축을 형성하고 있는 인도로 넘어가 보자. 인도 종교는 그 발전 과정이 비교적 간단하다. 인도를 대표하는 종교인 힌두교는 다른 세계 종교와 비교해볼 때 특이한 점이 있다. 일단 창시자가 없다는 점이 독특하다. 교조가 없다는 것인데 힌두교는 기원전 15세기경에 자연적으로 생겨나 계속해서 발전한 것으로 추정되고 있다.

힌두교의 가장 큰 특징은 수많은 신을 믿는다는 것이다. 그 신이 하도 많아 수를 헤아릴 수 없을 정도다. 우리에게 친숙한 신으로서는 브라만, 크리슈나, 비슈누, 시바(쉬바) 등이 있는데 이외에도 다른 신들이 많이 존재한다. 이렇게 신이 많지만 이 신들 사이에 갈등은 없다. 그것은 인도인들이 자기들이 믿는 신만 옳은 신이라고 주장하지 않기 때문이다. 힌두교도들은 여러 종류의 작은 신들이 비슈누나 시바의 화신, 즉 아바타(avatar)로 생각하기 때문에 그 신만이 유일하다는 주장을 펴지 않는다. 이 많은 신들이 결국은 최고의 천신들이 변해 지상에 나타난 것이기 때문에 다른 신을

◎ 힌두교의 다양한 신들.

배척할 이유가 없는 것이다. 예를 들어 힌두교도들은 힌두교에서 파생된 불교를 배척하지 않는다. 석가모니를 비슈누의 화신이라고 믿기 때문에 불교를 타종교로 생각하지 않고 힌두교의 일파 정도로 여긴다. 인도인들의 이러한 사상 덕분에 힌두교나 불교를 믿는 지역에서는 종교분쟁이 상대적으로 덜 생겼다.

인도에서 파생한 종교 가운데 불교를 빼놓는다는 것은 있을 수 없는 일이다. 인도 태생의 종교 가운데 불교만이 세계종교의 반열에 올랐기 때문이다. 그만큼 불교는 인류사에 끼친 영향이 막대하다. 불교는 기원전 6세기 중엽에 석가모니(붓다)에 의해 창시된 종교인데 교리의 핵심은 힌두교와 크게 다르지 않다. 붓다가 새로운 종교를 창시하면서 했던 주요한 일은 힌두교의 폐해를 교정하는 일이었다. 힌두교에는 사람을 계층으로 나누어 차별하는 '카스트'라는 제도가 있는데 붓다는 이를 받아들이지 않고 모든 사람

○ 산크리스트어로 붓다는 '깨달은 자'를 뜻한다.

은 평등하다고 가르쳤다.

붓다가 가장 많이 공격한 것은 힌두교의 브라만 계급이다. 브라만 계급은 최상층 계급으로서 자신들만이 제사를 통해서 신과 소통할 수 있다고 주장했다. 스스로를 특권층으로 만든 것이다. 붓다는 브라만들이 제사를 지내 신을 움직인다는 것은 주술적인 사고라고 비난하면서 추종자들에게 그것을 벗어날 것을 종용했다. 대신 이성을 강조했는데 인간은 누구든지 자신의 이성을 사용해 합당하게 수련하면 깨달음을 얻을 수 있다고 주장했다. 또한 그는 힌두교의 뿌리 깊은 여성 차별도 가차없이 비판했다. 힌두교에서 여성은 남성의 부속물처럼 취급되었는데 그는 남녀가 동등한 존재라 성별에 관계없이 누구나 깨칠 수 있다고 주장했다.

불교는 세계종교 가운데 가장 평화를 사랑하는 종교라 할 수 있다. 어떤 점에서 이렇게 말할 수 있는 것일까? 불교에는 신도들이 지켜야 하는 다섯 가지 계율이 있다. 이 중 첫 번째가 '불살생'인데 생명을 해치는 것을 막는 계율이다. 이 계율을 따르면 사람뿐만 아니라 동물도 해쳐서는 안 된다. 따라서 불교도가 자신의 취미 생활로 사냥을 하거나 물고기를 잡는 것은 상상할 수 없는 일이다. 불교에 따르면 동물들도 인간처럼 불성(佛性)을 갖고 있기 때문에 살육할 수 없다. 그렇게 되니까 불교도는 원리적으로 육식을 해서는 안 된다. 생명을 사랑해야 하기 때문에 나를 위해서 다른 생명을 취할 수 없는 것이다.

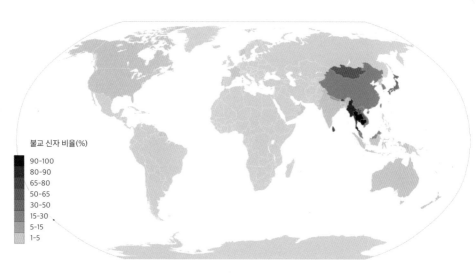

불교 신자 비율(%)

90-100
80-90
65-80
50-65
30-50
15-30
5-15
1-5

○ 세계 불교 분포도.                                    © REDDIT

또 불교에는 특정 교리를 믿어야 구원을 받을 수 있다는 식의 강제적인 교리가 없다. 불교의 기본적인 입장은 어떤 종교를 믿든, 어떤 가르침을 택하든 깨닫기만 하면 된다는 것이다. 그러니까 반드시 불교를 믿을 필요조차 없다는 것이다. 불교는 이처럼 탄력적인 견해를 갖고 있기 때문에 다른 종교에 대해 배타적인 태도를 취하지 않는다. 그런데 이러한 평화를 사랑하고 개방적인 태도는 공격적인 교리를 가진 종교와 만났을 때 영 맥을 못추게 된다. 불교도들은 너무 순해서 자기방어마저 못하는 것처럼 보인다.

현재 불교는 원산지인 인도에는 신자가 극소수에 불과하다. 가장 큰 이유는 10세기 전후로 이슬람교도들이 불교도가 밀집되어 있는 북부 인도를 침략했기 때문이다. 이때 불교도들은 호전적인 이슬람교에 대해 스스로를 지키지 못하고 당하기만 해 서서히 몰락의 길로 가게 된 것이다. 한때 전 인도를 석권했던 불교가 유일신교이면서 공격적인 교리를 가진 이슬람교의 침략에 제대로 된 대응을 하지 못하고 무너진 결과, 불교 경전은 거의 불태워지고 수만 명에 달하는 불교 승려들은 죽임을 당했다. 사정이 이러하니 인도에서 불교는 종교로서 바로 서기가 힘들어졌다.

불교는 인도 내부에서도 큰 적을 만나게 된다. 토속 종교인 힌두교가 다시 발흥하며 신도 수가 늘어나자 내외의 경쟁자에 밀린 불교는 인도 대륙에서 점차 사라지게 된다. 하지만 다행스럽게도 인도에서 몰락하기 전에 북쪽으로는 중국과 한국과 일본으로, 남쪽으로는 스리랑카를 거쳐 동남아 대부분의 국가에 불교가 전파되어 널리 보급되었다. 그러나 앞에서 말한 것처럼 중국이 공산화되면서 전 세계의 불교 신자는 크게 줄어들게 된다. 그래서 한때 세계 제일의 종교이었던 불교가 신도 수 면에서 4위로 떨어진 것이다. 이것이 현재 불교가 처해 있는 현실이다.

이상이 인류가 현재 가장 많이 믿고 있는 4대 종교의 현재 상황이다. 앞으로 설명할 종교분쟁은 대부분 이 종교들 사이에서 일어났다. 2부에서는 어떤 지역에서, 어떤 종교들이 분쟁을 일으키고 있는가를 살펴보고 그 분쟁의 원인이 될 만한 이유 가운데 종교적인 것을 추려서 검토해 보고자 한다.

❶ 전 세계에는 매우 다양한 종교와 종파가 존재하는데 이른바 세계종교는 기독교(신구교 포함), 이슬람교, 불교로 정리할 수 있다. 신도 수로 볼 때 이들의 순위는 어떻게 될까? 아울러 이 종교들이 신앙되는 지역은 어디일까?

--------------------------------------------------

--------------------------------------------------

--------------------------------------------------

--------------------------------------------------

--------------------------------------------------

--------------------------------------------------

❷ 기독교는 그 뿌리라 할 수 있는 유대교와 어떻게 같고 다를까? 지금 전 세계에는 다양한 기독교 종파가 있는데 그것들은 어떻게 크게 정리될 수 있을까? 그리고 신도 수에 따른 각 종파의 순위는 어떠할까?

--------------------------------------------------

--------------------------------------------------

--------------------------------------------------

--------------------------------------------------

--------------------------------------------------

--------------------------------------------------

❸ 이슬람교는 어떤 과정을 통해 생겨난 종교일까? 이슬람교는 기독교와
형제 같은 종교라고 하는데 그 배경은 무엇일까? 이슬람교에서 가장 중요
한 두 교파는 무엇인가?

---------------------------------

---------------------------------

---------------------------------

---------------------------------

---------------------------------

---------------------------------

❹ 불교는 그 뿌리가 힌두교인데 이 두 종교의 관계는 어떻게 설명할 수
있을까? 불교는 세계종교가 되었는데 힌두교는 왜 세계종교가 되지 못했
을까? 불교와 힌두교가 크게 다른 점은 무엇일까?

---------------------------------

---------------------------------

---------------------------------

---------------------------------

---------------------------------

---------------------------------

# 2부

# 세계의
# 주요 종교분쟁
# 지역은?

앞에서 말했듯이 인류사에는 그동안 너무도 많은 종교분쟁이 있었다. 따라서 이를 모두 알아보는 것은 불가능한 일이다. 우리는 현재 20세기를 걸쳐 21세기에 살고 있으니 이 기간에 일어난 종교분쟁을 중점적으로 보는 게 바람직할 것이다. 이 분쟁들은 현재

| 대표적인 종교분쟁 지역과 분쟁 중인 종교 |

| 분쟁 지역 | 분쟁 중인 종교 |
| --- | --- |
| 이스라엘·팔레스타인 | 유대교와 이슬람교 |
| 인도-파키스탄 | 힌두교와 이슬람교 |
| 인도 | 힌두교와 시크교 |
| 영국 | 북아일랜드 내의 분쟁/개신교와 가톨릭 |
| 수단·남수단 | 개신교와 이슬람교 |
| 구 유고연방 | 가톨릭과 그리스정교와 이슬람교 |
| 이란·이라크 | 순니파와 시아파 |
| 필리핀 | 가톨릭과 이슬람교 |
| 중국 | 공산당과 이슬람교-위그르족 분리독립운동 등 |

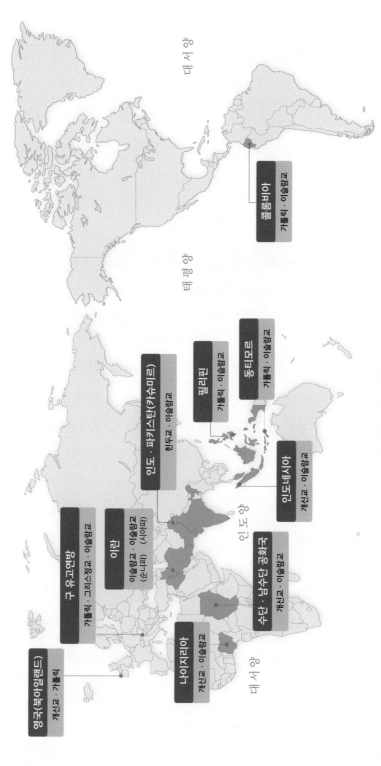

**영국(북아일랜드)** 개신교 · 가톨릭

**구 유고연방** 가톨릭 · 그리스정교 · 이슬람교

**이란** 이슬람교 · 이슬람교 (순니파) (시아파)

**인도 · 파키스탄(카슈미르)** 힌두교 · 이슬람교

**필리핀** 가톨릭 · 이슬람교

**동티모르** 가톨릭 · 이슬람교

**인도네시아** 개신교 · 이슬람교

**나이지리아** 개신교 · 이슬람교

**수단 · 남수단 공화국** 개신교 · 이슬람교

**콜롬비아** 가톨릭 · 이슬람교

대 서 양

태 평 양

인 도 양

대 서 양

○ 세계 종교 갈등 지역.

인류가 직면하고 있기 때문이다. 그런데 최근으로 한정을 해도 전 세계에 걸쳐 일어나고 있는 종교분쟁의 가짓수는 엄청나게 많다. 이 부에서는 앞 페이지 표와 지도에서 언급한 분쟁들 가운데 대표적인 것을 선별해서 살펴보고 각 분쟁들이 어떤 특징을 갖고 있는지 알아보려고 한다.

## 이스라엘과 팔레스타인

★ ★ ★

이 지역에서 일어나는 종교분쟁은 너무나도 유명하기에 다들 한 번쯤은 들어보았을 것이다. 이곳은 종교분쟁과 영토분쟁이 섞이면서 좀처럼 해결하기 힘든 분쟁 지역이 되었다. 원래 팔레스타인 사람들이 살고 있던 이 지역에 유럽 각지에 흩어져 살던 유대인들이 제2차 세계 대전 이후 서서히 몰려들다가 급기야 1948년 이스라엘을 건국하기에 이른다. 이에 대항해 1960년대에 팔레스타인 사람들도 팔레스타인 해방기구(PLO)라는 조직을 만들면서 갈등이 증폭된다.

이에 위협을 느낀 이웃 아랍국가들은 이스라엘을 공격하기에 이르고 당시 국가 체제도 제대로 갖추지 못한 이스라엘은 악전고투 끝에 가까스로 침략자를 물리쳤다. 뒤에 이스라엘 건국 전쟁이라 불리게 된 이 전쟁으로 인해 팔레스타인 지역에 살고 있던 수십

○ 이스라엘을 노리는 팔레스타인의 테러는 지금도 계속해서 이어지고 있다.

만 명의 아랍계 주민들이 피난을 가게 되었고 이 사건은 아랍어로 '알 나크바(Al Nakba, 대제앙)'라고 불린다. 이 전쟁을 승리로 장식한 이스라엘은 승자답게 팔레스타인 지역의 대부분을 장악하게 된다.

그 뒤에도 전쟁은 끊이지 않았는데 1967년에 다시 한 번 대규모 전쟁이 벌어진다. 이 전쟁은 6일간 지속되었다고 해서 '6일 전쟁'으로 불리기도 한다. 이 전쟁에서도 승리한 이스라엘은 영토를 더 넓혀 요르단군이 차지하고 있던 서안지구와 동예루살렘, 시리아가 점령하고 있던 골란고원 그리고 이집트가 차지하고 있던 시나이반도까지 손아귀에 넣게 된다. 그러나 이런 전쟁을 겪으면서

○ 이스라엘과 가자지구.

난민이 된 팔레스타인 사람들은 대부분 주변의 가자지구와 요르
단, 시리아, 레바논에 흩어져 살게 되는데 이들은 그 이후로 이스
라엘과 끊임없는 분쟁을 일으켰다.

　1987년에는 앞에서 거론한 팔레스타인 해방기구를 대신해 가
자지구에 본거지를 둔 하마스라는 팔레스타인 무장단체가 생기게
된다. 이름에 무장이라는 단어가 들어간 것에서 알 수 있듯이 이
들은 여러 번에 걸쳐 이스라엘과 군사적으로 대치한다. 이스라엘
은 하마스에게 무기가 공급되는 것을 막기 위해 가자지구의 국경
을 철저히 통제하고 있다.

국제사회는 이 지역의 전쟁을 종식하기 위해 많은 노력을 기울였으니 소기의 성과를 거두지 못했다. 예를 들어 1993년에 체결된 오슬로 협정은 이스라엘의 양보를 바탕으로 팔레스타인의 독립을 허용하는 매우 평화로운 결말을 위해 체결되었다. 그러나 안타깝게도 이 협정은 양측 강경파에게 철저히 외면당했다. 하마스는 이를 저지하기 위해 여러 차례 자살 테러 공격을 감행했으며, 이스라엘 강경파들은 협정 체결에 앞장섰던 이츠하크 라빈(Yitzhak Rabin) 수상을 암살하기에 이른다. 양측 간의 갈등은 이런 식으로 끝없이 지속되고 있다. 최근인 2021년 4월에도 이스라엘 경찰과 팔레스타인 시민 사이에 폭력 시위가 발생해 그 진압 과정에서 수십 명의 사상자를 냈듯이 이 지역에서 다시 전쟁이나 충돌이 일어난다고 해도 하등 이상한 일이 아닐 것이다.

이 분쟁이 해결되기 어려운 데에는 여러 요인이 있지만 두 세력이 믿는 종교가 다른 것이 가장 큰 이유가 될 것이다. 이스라엘은 유대교를, 팔레스타인은 이슬람교를 믿는데 문제는 두 종교가 서로를 인정하지 않는다는 데에 있다. 유대교는 야훼를, 이슬람교는 알라를 신봉하면서 자신들이 섬기는 신만이 유일하다고 생각하기 때문에 다른 신은 용납하지 않는다. 이런 태도가 극단적으로 가면 다른 신을 믿는 사람들을 인간으로 인정하지 않는 방향으로 흐를 수 있다. 상대방은 인간이 아니기 때문에 비인도적으로 취급해도 되는 것이다. 그 결과 상대방을 무자비하게 공격하고 죽이는 게 정당화될 수 있다.

이 지역의 분쟁이 해결되기 어려운 것은 그 바탕에 종교적인 문제, 즉 서로 다른 유일신교를 신봉하고 있기 때문이라 했는데 만약 이 두 세력 사이에 영토문제 같은 물리적인 문제만 있다면 분쟁 해결이 상대적으로 수월했을 수도 있다. 종교적인 문제가 개입되면서 해결이 매우 어렵게 된 것이다. 이 관점에서 본다면 이 지역의 분쟁은 해결되지 않은 채로 계속해서 이어질 가능성이 크다. 그동안 이 지역의 분쟁을 풀려는 수많은 시도가 무산된 것이 바로 이 사정을 말해준다.

## 인도와 파키스탄

★ ★ ★

이 두 나라는 원래 한 나라였는데 머릿말에서 설명한 것처럼 1947년에 인도가 영국의 식민지에서 독립되면서 지금처럼 분열되었다. 인도에 이슬람 세력이 진출한 것은 그 역사가 상당히 길다. 8세기 초부터 이슬람 세력은 인도의 북부 지방에 진출해 왕조를 세우기 시작했다. 많은 이슬람 왕조가 세워졌다 망했다 하는 과정이 반복되었는데 이 중 대표적인 것은 16세기 초반에 세워져 19세기 중반까지 지속된 무굴제국이다. 이 나라는 한때 인도 북부나 파키스탄 지역은 물론이고 인도 남부 지방도 거의 차지할 정도로 큰 영토를 가지고 있었다. 당시 인도에는 이슬람 문화가 꽃을 피우

게 되는데 그 대표적인 것이 세계에서 가장 아름다운 건물 가운데 하나로 꼽히는 '타지마할'이다.

이렇듯 인도에는 토착 종교인 힌두교와 별도로 이슬람 세력이 강하게 자리 잡았는데 인도가 영국으로부터 해방되자 무슬림들은 다른 생각을 가지기 시작했다. 그들은 힌두교를 신봉하는 인도인과는 같은 나라 안에 살 수 없겠다고 판단해 따로 나라를 세우기에 이른다. 같은 민족임에도 불구하고 종교가 다르다는 이유만으로 나라를 분할하는 것도 마다하지 않은 것이다. 한 민족이라는 동질감보다 신봉하는 종교 이념이 행동원리에 훨씬 더 큰 영향을 미친 셈이다.

이들이 세운 나라는 동파키스탄과 서파키스탄으로 불렸는데 동파키스탄은 나라 이름을 방글라데시로 바꿔 지금에 이르고 있다. 원래 서파키스탄에 예속되어 있던 동파키스탄이 인도의 지원 하에 독립전쟁을 벌여 새로운 나라로 재탄생한 것이다. 인도와 서파키스탄은 카슈미르 지역의 영유권을 놓고 전쟁을 세 차례나 벌였다. 그 결과 이 지역은 파키스탄과 인도가 분할하여 각자의 영역을 다스리고 있지만 항상 긴장감이 흐르고 있다. 특히 두 나라가 국경을 마주하고 있는 지점은 남한과 북한이 판문점에서 대치하고 있는 상황과 비슷해 흥미를 자아낸다.

인도가 분열할 조짐을 보이기 시작하자 이를 어떻게든 막으려고 애쓴 사람이 있었다. 비폭력주의로 유명한 간디이다. 인도가 영국으로부터 해방된 다음 북부에 있는 이슬람 세력들이 따로 국가

◐ 간디의 유해가 안장된 묘역.

를 세우려 할 때 간디는 이를 저지하고자 많은 노력을 기울였다. 어렵게 얻어낸 독립인데 같은 민족끼리 화합하지 못하고 두 나라로 나누어지는 것을 간디는 용납할 수 없었던 것이다. 그러나 간디는 이슬람 세력을 상대로 통일 인도를 세우자고 설득에 나섬과 동시에 총에 맞아 숨지게 된다. 범인은 열혈 힌두교도였다. 그는 이슬람 세력에 우호적인 간디가 못마땅해 이 같은 짓을 벌인 것이다. 이렇게 해서 마하트마(위대한 영혼)로 불리던 간디는 세상을 떠나게 되었다. 영국이라는 세계적인 제국과 싸워 인도의 독립을 쟁취한 간디도 종교적인 문제는 넘지는 못한 셈이다. 사람이 좇는 종교적인 신념은 그 어떤 것보다 강하다는 것을 다시 한번 느끼게 해주는 사건이라 하겠다.

# 인도의 시크교 독립운동

★ ★ ★

종교분쟁과 인도와 관련해서 꼭 거론해야 하는 것이 있다. 바로 시크교 문제다. 시크교는 15세기에 나나크(Guru Nanak)라는 인도인이 힌두교와 이슬람교를 융합해서 만든 종교이다. 시크교의 가장 큰 특징은 이슬람교를 따라 유일신론을 주장한 것이다. 그러면서도 힌두교의 윤회 사상 등을 받아들여 이를 인정하지 않는 기존의 이슬람교와 다른 모습을 보인다. 시크교의 남자 신도들은 반드시 머리에 터번을 쓰기 때문에 인도인 가운데 터번 쓴 사람이 있다면 그 사람은 시크교도라고 생각하면 된다.

이 시크교가 문제가 된 사정은 다음과 같다. 시크교도들은 주로 인도의 서북부에 있는 펀자브 지방에 모여 살았는데 세력이 커지자 1980년대에 들어서면서 인도 정부에게 이 지역의 자치권을 요구하기 시작했다. 이들은 자신들의 종교가 힌두교와 다르니 힌두교도들과 다른 정치 체제에서 살고 싶었던 것이었지만 펀자브는 소중한 거대 곡창 지대였기에 정부는 이들의 요구를 들어주지 않았다. 이 지역의 자치권을 인정하면 인도 정부의 수입이 크게 줄어

○ 암리차르의 황금 사원 전경.

드니 어쩔 수 없는 일이었을 것이다. 이들이 독립 정부를 세우겠다
는 요구가 거세지자 1984년 당시 인도 총리였던 인디라 간디(Indira
Priyadar☐in☐ G☐ndh☐)는 군에 명령을 내려 시크교의 중심 사원이
자 최대 성지인 황금 사원[4]을 공격했다. 이 사원은 펀자브 지방에
있는데 사원 전체가 순금 400kg으로 덮여 있어 장관을 이룬다.
이런 곳은 신자들에게 가장 성스러운 곳이기 때문에 절대로 공격

---

4    정식 명칭은 하리 만디르(Hari Mandir).

하면 안 되는데 간디 총리가 무모한 짓을 한 것이다. 자신들의 성지를 공격받은 시크교도들은 정부와 치열하게 싸워 양측에 수천 명이 살상되는 참사가 발생했다.

비극은 여기서 끝나지 않았다. 시크교도들이 간디 총리를 암살했기 때문이다. 당시 총리의 경호원들이 시크교도였는데 성지를 공격당한 시크교도들로서는 간디에게 보복하지 않고 그냥 지나갈 수 없었을 것이다. 그러자 이번에는 힌두교도들이 이에 대한 보복으로 델리를 비롯해 인도 곳곳에서 시크교도들을 학살했다. 펀자브에는 그 뒤 10여 년 동안 시크교도 무장단체와 인도 정부군 사이의 충돌이 연이어 생겨나 매우 살벌한 분위기가 계속됐다. 지금은 예전같은 첨예한 대립은 없지만 시크교도들이 독립을 원하는 한 이 두 종교 간에 갈등의 불씨는 여전히 남아 있다.

## 영국(북아일랜드)의 종교분쟁

★ ★ ★

이번에 보게 되는 종교분쟁은 개신교(성공회)와 가톨릭 사이에 일어난 분쟁이다. 영국은 원래 가톨릭을 신봉하던 국가였다. 그러다가 16세기에 당시 영국의 왕이었던 헨리 8세가 로마 교황과 갈등이 생기자 가톨릭과 결별하고 새로운 종파인 성공회를 세웠다. 경위를 구체적으로 보면, 헨리 8세는 부인과 이혼하고 다른 여성과 결혼하려 했으나 가톨릭은 이혼을 인정하지 않는 것을 교회법으로 정하고 있어 그의 이혼 요청을 거부했다. 그 결과 헨리 8세는 가톨릭을 버리고 아예 새로운 기독교 종파를 세워버리는 엄청난 일을 저지르게 된 것이다. 이렇게 '성공회'라는 새로운 기독교 종파가 탄생하게 되었다. 성공회는 가톨릭을 기반으로 해서 생겨났지만 새로 생긴 교파로 간주되어 개신교로 분류된다.

헨리 8세는 당시에 아일랜드를 공격해 식민지로 만들었는데 아일랜드는 그 이후 약 400년 동안 영국의 통치를 받게 된다. 그 기간 동안 영국 정부는 가톨릭을 신봉하는 아일랜드인들을 성공회로 개종시키고자 자국의 성공회 신자들을 대거 아일랜드 북부 지방에 이주시켰다. 이로 인해 성공회를 믿는 개신교도와 가톨릭을 믿는 신도 사이에 끊임없는 갈등이 생겨나게 된다. 결국 1919년부터 독립전쟁이 시작되었고 1921년에 아일랜드는 영국으로부터 부분적인 독립을 얻어낸다(완전한 독립은 1949년에 성취). 이때 영국의 성공회 신자들이 많이 살고 있던 북아일랜드는 독립을 거부하고 영국령으로 남게 된다. 북아일랜드는 옆 페이지 지도에서 보는 것처럼 아일랜드의 북부에 있으면서 영국과는 아주 가까운 거리에 있다. 그들은 자신들의 뿌리가 영국에 있었기 때문에 독립할 필요성을 느끼지 않은 것이다. 또 그들은 영국의 후원 아래 북아일랜드의 정치나 경제를 좌지우지하는 위치에 있었기 때문에 자신들의 땅이 아일랜드 영토가 되는 것에 강한 반대를 표했다. 만일 북아일랜드가 아일랜드로 편입되면 자신들이 누리던 온갖 특권을 빼앗길 것이 명백하니 아일랜드 영토가 되는 것을 결사반대한 것이다.

사실 북아일랜드의 영국계 개신교도들은 오래전부터 아일랜드계 가톨릭교도를 차별해 왔다. 가톨릭교도들에게 정치에 참여할 수 있는 권한을 주지 않았을 뿐만 아니라 공직에 출마할 권리도 주지 않았다. 이 때문에 가톨릭교도들은 거칠

◐ 영국과 북아일랜드.

게 항의했는데 북아일랜드의 주도권을 갖고 있던 개신교도들은 무자비하게 이를 진압했다. 이렇게 서로 심하게 다투는 바람에 북아일랜드는 큰 혼란에 휩싸이는데 이를 보다 못한 영국이 군대를 파견하자 사태가 더 심각해졌다. 설상가상으로 1972년에 영국군이 평화적으로 시위하던 가톨릭교도들을 향해 발포해 공분을 자아냈다. 이에 대한 보복 테러가 일어나는 등 북아일랜드 지역은 살벌하기 짝이 없었다.

다행히 영국과 아일랜드는 평화협정을 맺고 1999년에는 개신교도와 가톨릭교도가 연합한 북아일랜드 자치정부가 만들어졌다. 그러나 그 뒤에도 계속해서 영국과 아일랜드 사이에는 대립과 반

◐ 헨리 8세의 초상화가 그려진 기념 우표.

목이 반복되고 있어 이 두 나라 사이에 완전한 평화가 이루어지는 것은 요원한 상태로 남아 있다.

세계 각지에서 벌어지고 있는 종교분쟁 가운데 이 영국 성공회와 아일랜드 가톨릭의 갈등은 특이한 경우라 하겠다. 수백 년 전에 살았던 헨리 8세가 모든 원인을 제공했기 때문이다. 만일 그가 개인의 욕심을 채우기 위해 주변 반대를 무릅쓰고 성공회를 만들지 않았다면 이 분쟁은 애당초 생기지 않았을 일이었다.

종교사를 돌이켜봐도 이렇게 왕 개인이 새로운 종파를 만들어 분란을 일으키는 경우는 찾아보기 힘들다. 그것도 아내와 이혼하기 위해 가톨릭과 인연을 끊는 어이없는 행동거지는 황당하기까지 하다.

# 수단과 남수단

★ ★ ★

이 지역은 개신교와 이슬람교가 분쟁을 일으키는 대표적인 지역 중 하나이다. 이 두 종교의 갈등 때문에 생겨난 수단과 남수단의 분쟁은 아프리카에서 벌어진 내전 가운데 가장 오래 지속되었고 매우 비극적이라 소개하고자 한다. 이 두 수단 가운데 남수단은 한국과도 인연이 깊다. 가톨릭의 고(故) 이태석 신부가 교육 및 의료 봉사를 펼친 곳이 바로 이곳인데 자세한 내용은 이 신부의 업적을 그린 '울지마 톤즈'라는 다큐멘터리 영화에서 만날 수 있다. 이외에도 남수단의 평화 정착을 위해 한국 정부가 '한빛 부대'를 파견하기도 했고 세계적인 피겨 선수 김연아는 그의 이름을 딴 학교를 짓기도 했다.

반대로 생각해 보면 한국 같은 아프리카와 별 관계가 없을 것 같은 나라가 군대를 파견했다는 점은 이 지역의 갈등이 얼마나 심한지를 반증하고 있다. 이 지역의 분쟁은 수십 년에 걸

◑ 영화 '울지마 톤즈' 포스터.　　　© 마운틴픽쳐스

쳐 매우 복잡하게 진행되었기 때문에 그것을 다 파악하는 것은 매우 어려운 일이므로 여기서는 종교적인 문제에만 집중해서 간략하게 다루도록 하겠다.

수단은 석유가 많이 나는 지역이라 18세기부터 영국(그리고 이집트)의 식민지가 되었다. 1956년에 가까스로 독립을 성취하게 되었지만 이것이 외려 분쟁의 시작이 되었다. 남부와 북부가 갈라져 싸우기 시작한 것이다. 남부에 매장된 석유 때문도 있지만 기본적으로 이들의 종교가 다른 것이 가장 큰 이유라고 하겠다. 남부는 토착 신앙과 기독교를 믿는 아프리카계 흑인이 주로 살고 있었던 것에 비해 중앙 정부가 직접 통치하는 북부에는 이슬람교를 믿는 아랍계 사람들이 살고 있어 이들이 느끼는 문화적 이질감이 대단했다고 한다. 이 두 지역의 갈등은 1950년대 중반에 1차 내전으로 발전하는데 이 전쟁은 17년간 지속되었고 사상자가 100만 명을 넘어서기에 이른다. 내전에서 사상자가 이렇게 많이 났다는 것만으로도 수단이 얼마나 큰 내홍을 겪었는지 알 수 있다.

1972년에 남부 지역에 자치권이 인정되면서 사태가 진정되는 듯한 모습을 보였지만 다시 분쟁에 휩싸이게 된다. 북부의 이슬람 계통 정부가 기독교가 내세인 남부 사회를 이슬람화하려는 강한 의도를 보이면서 분쟁이 발생한 것이다. 이때 남부에서는 '수단 인민해방군' 같은 조직을 만들어 강하게 반발했고 결국 1983년에 2차 내전이 발생하게 되었다. 2005년까지 총 22년간 지속된 이 전쟁은 아프리카에서 가장 오래 이어진 내전이라고 한다. 그렇게 오

○ 남수단 비아랍계 세속주의자들이 결성한 반정부 무장 조직 수단 인민 해방군(Sudan People's Liberation Army). 현재는 평화 협정을 통해 남수단 반 자치 정부가 인정된 상황이다.

래 지속되다 보니 사망자만 약 200만 명, 피난민은 약 400만 명에 달할 정도로 그 폐해가 심각했다.

다행히 2005년 유엔의 중재로 남부와 북부는 평화협정을 맺고 그로부터 6년 뒤인 2011년에 남부는 '남수단 공화국'이라는 정식 국가로 다시 태어난다. 이 과정에 큰 역할을 한 사람이 바로 당시 유엔 사무총장이었던 반기문으로 그때 열렸던 독립기념식에 참석해 연설을 남기기도 했다. 이렇게 보면 남수단과 한국의 인연은 남다른 것처럼 느껴진다.

그러나 이것으로 수단의 분쟁이 끝난 것은 아니다. 석유 문제와 종족 간의 갈등 때문에 여전히 불씨가 남아 있기 때문이다.

○ 수단 인민해방군을 이끌었던 존 가랑(John Garang de Mabior). 2005년 헬기 추락 사고로 사망했지만 후일 남수단 명예 대통령으로 추대되었다.

현재는 유엔 안보리가 수단과 남수단의 문제를 지속적으로 협의하며 평화유지군을 주둔시키고 있어 진정되는 모습을 보이고 있다. 한국도 앞에서 말한 것처럼 2013년에 200여 명으로 구성된 한빛 부대를 파견하여 남수단의 평화 정착과 재건지원을 지원하고 있다.

이상이 간략하게 본 수단 내전의 양상인데 이 지역도 분쟁의 가장 큰 원인은 종교의 다름에서 찾아야 할 것이다. 따라서 그 외의 요인, 즉 석유 같은 지하자원을 둘러싼 갈등은 부차적인 것으로 보인다. 만일 남북 수단이 같은 종교를 신봉했다면 지난 역사에서 보여준 것처럼 첨예하게 갈등하고 서로를 죽이는 일은 피할 수 있지 않았을까 싶다. 종교가 다르니 상대방을 온전한 인간으로 인정하지 않아 무차별적인 살상을 일삼고 서로 복수를 거듭하며 이렇게 엄청난 참상으로 발전한 것이다.

# 구 유고연방(구 유고슬라비아 연방)

★ ★ ★

이곳은 종교분쟁 지역 가운데 그 양상을 파악하기 가장 힘든 지역이라 할 수 있다. 관계된 나라가 많을 뿐만 아니라 종교도 여럿 개입되어 있어 분쟁의 형태가 상당히 복잡하기 때문이다. 따라서 가장 대표적인 7개 나라 사이의 분쟁만 살펴보기로 한다. 7개 나라란 크로아티아, 슬로베니아, 세르비아, 보스니아, 마케도니아, 몬테네그로, 코소보를 말하는데 이 나라들은 원래 유고슬라비아라는 이름으로 불렸던 유고연방공화국에 병합되어 있었다. 그러다 유고슬로비아 대통령이었던 티토(Josip Broz Tito)의 사망과 함께 유고연방이 해체되자 이 나라들은 1990년대 초반부터 독립을 꾀해 현재처럼 7개 국가로 재탄생하게 된다.

앞에도 말했지만 이 지역은 원래 민족도 다르고 종교도 달라 종교분쟁이 끊이지 않았다. 크로아티아 등에 포진되어 있는 게르만계 사람들은 가톨릭을 신봉하고, 세르비아계 사람들은 그리스정교를 믿고 있었으며 보스니아가 포함된 남부 지역에는 이슬람교도들이 다수 섞여 있어 첨예한 갈등이 일어났고 지금도 진행되고 있는 중이다.

이 세 종교 사이의 분쟁에서 유명한 것으로 보스니아 내전과 코소보 내전이 있다. 보스니아 내전은 현대에 발발한 전쟁 가운데 가장 잔인하고 수치스러운 전쟁의 하나로 기억되고 있다. 인구가 약 450만 명에 달하는 보스니아는 종교가 다른 세 부류의 집단이 있어 항상 분쟁에 노출되어 있었다. 구체적으로는 그리스정교를 믿는 세르비아계 주민이 이슬람계의 주민과 가톨릭을 믿는 크로아티아계 주민들을 대상으로 벌인 전쟁이다. 이 내전은 1992년부터 약 3년간 지속되었는데 무려 20여만 명이 목숨을 잃었고 수십만 명의 난민이 발생했다.

문제는 이 사망자 중 상당수가 전투 중에 죽은 군인이 아니라 '인종 청소'라는 미명 아래 다른 종교를 믿는 타민족을 상대로 벌어진 무차별 학살로 인한 피해자라는 점이다. 당시 세르비아군은 전쟁과 무관한 일반인들의 집을 폭격하고 불을 질러 이곳에 살던 사람들을 난민으로 만들었는데 이 사건은 후에 큰 시빗거리가 되었다. 이 전쟁이 수치스러운 것으로 기억되는 것은 이렇게 대단히 비인도적인 일이 자행되었기 때문이다. 일반적으로 전쟁 시에는 민간인들은 건드리지 않는 것이 불문율처럼 되어 있는데 이들은 이 규율을 사정없이 짓밟아버린 것이다. 이 사태는 전쟁을 일으킨 당사자들이 마무리하지 못하고 북대서양조약기구(나토)가 중심이 된 다국적군 수만 명이 배치되면서 일단락된다.

이 전쟁의 중심이 됐던 인물이 당시 세르비아 대통령이었던

슬로보단 밀로셰비치(Slobodan Miloševi)인데 그는 후일 세르비아 남부에서 일어난 코소보 내전 때 또 같은 만행을 저지른다. 세르비아 밑에는 알바니아라는 나라가 있는데 코소보주에는 이 알바니아계 사람들이 전체 인구의 약 90%에 달했다. 나머지 약 10%의 주민은 세르비아계였는데 알바니아계 사람들은 이슬람을 믿는 사람들이라 그리스정교회를 믿는 세르비아계 사람들과 같

◑ 밀로셰비치 전 세르비아 대통령.
© NBC News

은 나라의 국민이 되기를 거부하고 결국 1998년 독립을 선언하기에 이른다. 밀로셰비치 당시 세르비아 대통령은 이를 허락하지 않고 전쟁을 일으켰으며 세르비아군은 또 인종 청소를 자행하여 코소보에 사는 알바니아계 사람들을 무차별 학살했다. 그 결과 또 수만 명이 죽고 수십만 명의 난민이 발생하고 말았다.

이 내전도 전쟁 당사자들이 끝내지 못해 1999년에 북대서양조약기구가 다시 개입해 수차례 공습을 감행하는 등 강한 무력을 사용해서 간신히 평화협정을 맺게 된다. 결국 이 끔찍한 전쟁을 벌인 밀로셰비치 대통령은 실각하고 국제전범재판소에서 전범으로 재판받는 도중 지병으로 사망한다. 코소보는 2008년 독립 선언을

하고 한 국가로 거듭났지만 분쟁의 불씨가 여전히 남아 있는 지역인 만큼 또 언제 분쟁이 생길지는 아무도 모를 일이다. 다시 말하지만 이러한 비극이 벌어진 배경에는 종교가 다른 사람들을 같은 인간으로 보지 않는다는 점이 큰 요인으로 존재한다.

# 이란과 이라크 그리고 시리아

**★ ★ ★**

이 종교분쟁은 같은 종교를 신봉하지만 종파가 달라 갈등이 생긴 경우다. 이슬람교를 크게 분할하면 순니파와 시아파로 나눌 수 있다. 이 두 파가 생겨나게 된 과정에 대해서는 앞에서 이미 설명했는데 이슬람 지역의 종교분쟁은 이들이 대립하면서 생기는 것이 대부분이다.

현재 전 세계 무슬림의 약 85%가 순니파에 속하고 그 나머지인 약 15%가 시아파를 믿고 있다. 순니파를 대표하는 나라는 이라크라 할 수 있고 시아파를 대표하는 나라는 이란이라고 할 수 있다. 순니파는 모든 이슬람 국가에 골고

○ IS의 문장.

루 퍼져 있는데 사우디아라비아, 터키, 이집트, 아랍에미리트(UAE), 카타르, 파키스탄 등 대다수 이슬람 국가는 순니파가 주류 세력을 이루고 있다. 최근에 큰 문제를 일으켰던 급진 테러단체 '이슬람국가(IS, Islamic State of Iraq and the Levant)'도 순니파로 분류된다.

앞에서 이라크가 순니파 국가라고 했지만 사실 이라크 또한 국민의 약 60%가 시아파에 속한다. 그런데 오랜 기간 대통령직을 수행한 사담 후세인(Saddam Hussein)을 비롯한 정권 실세들이 순니파에 속했기 때문에 순니파 국가로 분류되는 것이다.

그래서 이라크는 시아파의 대표 국가인 이란과 항상 갈등 관계에 있었는데 이것이 전쟁으로 발전하여 두 나라 사이에는 1980년부터 무려 8년 동안 전쟁이 지속되었다. 이 전쟁으로 군인과 민간인 사상자가 수십만 명 나오고 경제적 피해는 수천억 달러에 달하는 막대한 피해를 보게 되지만 전쟁 뒤에 변화된 것은 없었다고 한다.

그 뒤에 일어났던 전쟁 가운데 대표적인 것은 2003년에 있었던 미국의 이라크 침공이다. 이 전쟁은 불과 약 20일 만에 미국의 승리로 끝나고 그 여파로 후세인은 실각해 처형되고 만다. 그 뒤에는 시아파가 정권을 잡게 되는

○ 사담 후세인이 2006년 전범으로 사형 집행을 당한 이후 이라크 과격파 종교 단체들의 테러는 더욱 극심해졌다.

데 덕분에 이란의 시아파 정권과는 갈등의 여지가 사라지게 되었다. 그러나 전쟁 후유증으로 이라크는 국내에 여러 무장투쟁이 일어나는 바람에 계속해서 혼란기를 맞이하게 된다. 이 같은 이라크의 사례를 보면 정치 세력들이 추종하는 종파에 따라 이웃 국가와의 관계가 변하는 것을 목도할 수 있다.

이처럼 중동 지역에는 순니파와 시아파의 갈등이 끊이지 않는다. 가령 이란은 사우디아라비아와 교리 논쟁 등으로 국교를 수년 동안 단절한 적도 있었다. 당시 이란의 최고 지도자인 호메이니가 사우디아라비아가 견지하고 있는 순니파 사상을 공격하자 국교를 단절하는 사태까지 간 것이다. 이러한 갈등 가운데 가장 복잡하고 최근까지 지속된 것은 2011년부터 벌어진 시리아 내전이다. 여기에는 아랍 여러 나라는 물론 미국과 러시아 같은 강대국까지 적극적으로 개입하면서 매우 혼란한 양상을 띠게 되었다.

이 전쟁은 악독한 독재를 하고 있던 정부를 향해 학생들이 민주화를 요구하는 것으로부터 비롯됐다. 시리아는 국민의 4분의 3이 순니파이지만 군과 요직은 시아파가 장악하고 있어 이 둘 사이에 갈등이 폭발하면서 전쟁이 시작된 것이다. 정부가 이들을 강력하게 탄압하자 점차 반정부 시위가 커졌고 그것이 반군의 형태로 뭉쳐지면서 시리아는 내전 상태로 들어가게 된다. 여기에 주변 국가들이 자신들과 같은 신앙을 가진 집단을 지원하면서 전쟁이 확대되기 시작한다.

같은 시아파를 신봉하는 이란과 레바논의 무장 조직인 헤즈볼라[5]는 시리아 정권을 지원했고, 순니파 국가인 사우디아라비아나 카타르는 반군에게 무기나 물자를 지원하면서 일이 커지게 된 것이다. 여기에 급진 순니파 무장단체인 IS가 혼란을 틈타 시리아 북부를 점령하는 바람에 사실상 나라가 무정부 상태가 되었다. 엎친 데 덮친 격으로 2014년과 2015년에 미국과 러시아가 각각 군사 개입을 하면서 시리아 내전은 미국과 러시아의 대리전 양상을 띠게 된다.

◐ 터키 보드룸 해변에서 싸늘한 시신으로 발견된 시리아 아기.                    © AP 연합뉴스

---

5        '신의 정당 여단'이라는 뜻으로 2003년 10월 이라크 내 시아파 무장단체가 설립한 조직. 이란 쿠

이후 휴전 합의와 철회를 반복하면서 시리아는 아직까지도 매우 불안정한 상태에 있다. 이 내전으로 시리아가 입은 손해는 막대했다. 정확하게 집계된 것은 아니지만 사망자는 40~60만 명으로 추정되며 시리아 전체 인구의 반 정도에 해당하는 1천만 명 이상 되는 난민이 발생해 주변 국가로 쏟아져 들어갔다. 주변국이 이를 막으려 국경을 봉쇄하자 난민들이 유럽으로 향해 돌진함으로써 유럽 난민 사태가 벌어지기도 했다. 2015년 터키의 한 해수욕장에서는 3살 먹은 시리아 아기의 시신이 발견되어 전 세계의 주목과 동정을 받고 국제사회에 난민 위기에 대한 경종이 울렸다. 이 사례를 통해 같은 종교 안에 있는 다른 종파를 믿는 사람들 사이에도 분쟁과 비극이 생긴다는 것을 알 수 있다.

## 필리핀

### ★ ★ ★

필리핀은 특이한 종교분쟁의 역사를 기지고 있다. 필리핀에서 두 번째로 큰 섬인 민다나오섬에서만 분쟁이 벌어졌기 때문이다. 필리핀의 주 세력인 가톨릭과 소수파인 이슬람교 사이에서 일어난 갈등인데

◎ 필리핀 이슬람 반군단체 거점 민다나오 지역.

◎ 민다나오섬의 평화스런 전경.

2017년에는 필리핀 정부군과 극렬 이슬람 무장단체 IS를 추종하는 세력 간에 총격전이 벌어져 민다나오섬 전체에 계엄령이 선포되기도 했다. 이 섬에서는 이 두 종교 간에 일어난 갈등이 40년 넘게 지속되었는데 그 배경을 알려면 먼저 필리핀의 역사를 살펴보아야 한다.

필리핀은 16세기부터 19세기 후반까지 스페인의 식민지로 있었기 때문에 스페인의 종교인 가톨릭이 주 종교가 되었다. 지금도 국민의 80% 이상이 가톨릭교도인 현실이 이 사정을 잘 말해준다. 20세기 초에 미국 식민지가 되면서 개신교도 받아들였지만 신도 수는 약 5% 정도에 그치니 영향력은 그다지 없다고 보아야겠다. 문제는 이슬람교다. 필리핀에 이슬람교가 들어온 것은 14세기 무

○ 모로 이슬람 해방전선의 군인들.

렵이라고 하는데 지리적으로 가까운 말레이시아에 사는 사람들이
민다나오섬으로 이주하면서 자연스럽게 전파되었다고 한다.

그런데 당시는 스페인의 식민 통치 시대라 식민 정부가 이슬람
교도들이 다른 필리핀 지역으로 이주하는 것을 막아 이들은 민다
나오섬에서만 살게 된다. 필리핀 전체 인구의 5% 정도가 이슬람을
믿고 있는데 그 대부분은 이곳에 있다. 이 섬에 살고 있는 이슬람
교도가 400~500만 명에 달하니 결코 무시할 만한 숫자는 아니다.

하지만 가톨릭 세력이 권력을 장악하고 있는 필리핀 정부는
이슬람교도가 많은 이 지역에 지원이나 투자를 제대로 하지 않았
다. 종교가 다르니 별 관심을 두지 않았던 것이다. 이러한 조치에
반발하여 무슬림들은 자신들에 대한 정치경제적 차별 대우와 이

슬람을 소외시키는 필리핀 정부를 대상으로 투쟁을 벌이기 시작한다.

분쟁이 본격적으로 시작된 것은 1970년대 초에 '모로 이슬람 해방전선(MILF)[6]'과 같은 단체가 만들어지면서부터이다. 이들은 민다나오섬의 분리 독립을 요구하며 무장투쟁을 벌였다. 이런 과정에서 약 4개에 달하는 이슬람 반군 조직이 생겨나 지난 40~50년 동안 테러 등을 일삼으며 필리핀 정부를 상대로 무장투쟁을 했다. 그 결과 2017년에는 계엄령이 선포되기까지 했다. 이런 연유로 민다나오섬은 치안이 좋지 못해 외국인을 납치해 돈을 요구하는 일이 빈번하게 발생했다. 2010년대 중반에는 한국 남성이 이 이슬람 단체에 의해 납치되어 죽음을 맞이하는 일도 벌어졌다. 필리핀의 종교분쟁은 해결의 실마리가 보이지 않은 채 여전히 현재진행형이다.

## 중국의 신장 자치구

★ ★ ★

중국 신장(新疆, 신장) 자치구 지역은 티베트와 더불어 종교분쟁

---

**6**   Moro Islamic Liberation Front. 필리핀 남부의 모로족을 중심으로 한 이슬람 독립국가 '방사모로(Bangsamoro)' 건국을 목적으로 하는 이슬람 반군 조직.

으로 유명한 곳이다. 티베트 지역은 종교보다는 영토나 정치적인 문제가 더 많이 관여된 지역이지만 신장 지역 분쟁은 종교적인 요인이 더 강하다. 분쟁의 양상은 앞에서 본 필리핀처럼 한 지역에 있는 이슬람 세력이 다른 종교나 이념을 가진 중앙 정부와 다투는 모습을 보이고 있다. 필리핀에서는 민다나오섬에 사는 무슬림들이 가톨릭을 신봉하는 중앙정부에 대항했다면 중국의 경우에는 신장에 사는 무슬림들이 공산주의를 신봉하는 중앙 정부와 갈등을 일으키고 있다.

신장 지역은 복잡한 역사를 지니고 있지만 종교분쟁 성향을 띠게 된 것은 1949년 중국이 이 지역을 지배하면서부터이다. 1950년대 중반 신장-위구르 자치구가 설립되자 중국 정부는 이 지역을 한족화하기 위해 한족을 대규모로 이주시켰다. 예전에는 이슬람을 믿는 위구르족이 전 인구의 약 80%를 차지하고 한족은 5~6%에 불과했으나 대대적인 이주로 인해 현재는 한족 비율이 약 40%에 달하게 되었다. 반대로 위구르족은 약 45%의 낮은 점유율을 보이게 된다.

문제는 이 과정에서 중국 정부가 위구르족의 종교 활동을 지나치게 세약하면서 발생하기 시작했다. 중국 정부는 위구르족이 무슬림으로서 정체성을 가질 만한 사안들을 전면적으로 금지하면서 그들에게 한족 문화로 동화될 것을 강요했기 때문에 위구르인들이 강력하게 반발하게 된다. 위구르인들은 2000년 전후부터 신장의 독립을 요구하며 간헐적인 테러로 중국 정부에 대항해 왔는데

○ 중국 정부에 의해 감금된 무슬림들.　　　　　　　　© World Uyghur Congress

이에 대한 중국 정부의 대응은 가혹했다. 2017년부터 신장 곳곳에 '재교육캠프' 혹은 '교육훈련학교' 같은 기관을 만들어 위구르인과 기타 소수민족 출신의 무슬림들을 기소나 재판과 같은 법적 절차 없이 잡아다가 이 기관에 감금하고 교육시켰다.

　이렇게 붙잡혀간 인원만 약 100만 명이 된다고 한다. 더욱 충격적인 것은 이들이 잡혀가는 모습이 영상으로 공개되었는데 눈이 가려지고 손이 뒤로 묶여 있어 흡사 범죄자들과 같은 취급을 받고 있었다. 중국 정부는 위구르 무슬림들을 이런 식으로 혹독하게 대한 것이다. 캠프에서는 온갖 방법으로 중국제일주의 사상을 불어넣어 세뇌시키는 작업도 이루어졌다. 이 만행을 접한 서방세계는 큰 충격을 받고 한목소리로 중국 정부의 비인도적인 처사를

🔵 소수민족을 탄압하기 위해 만든 중국의 수용소　　　　　　　© Reuters

비난했다. 동시에 이런 정책은 문화 학살과 다름없다는 강력한 의
견도 내놓았다.

　이 사태는 아직도 진행 중이라 앞으로 어떤 식으로 굴러갈지
예측하기 힘들다. 분명한 것은 중국의 국력이 쇠하기 전까지는 이
지역이 분리 독립되는 일이 일어나지 않을 것이라는 점이다. 중국
은 이 지역을 결코 포기하지 않을 것이기 때문이다.

　이 같은 일이 벌어지게 된 이유는 말할 것도 없이 중국 정부와
위구르인들이 각기 다른 종교 혹은 이념을 신봉하고 있기 때문이
다. 단순히 다른 것에 그치지 않고 서로 적대적인 관계에 있기 때
문에 사태가 이렇게까지 진전된 것이다.

사실 문제가 되는 것은 중국 정부가 신봉하고 있는 공산주의이다. 공산주의를 정립한 카를 마르크스(Karl Heinrich Marx)가 '종교는 인민의 아편'이라고 한 데에서 알 수 있듯이 공산주의는 종교를 인정하지 않는다. 게다가 중국은 모든 것을 국가가 통제하는 전체주의 일당 독재국가이다. 따라서 중국 정부가 소수민족이 믿는 종교를 탄압하는 것은 당연한 수순일 것이다. 서방의 자유민주주의 국가에서라면 이러한 일이 벌어지지 않았겠지만 중국처럼 정부가 공산주의 같은 도그마[7]가 강한 이데올로기를 신봉하는 사회에는 이처럼 불행한 일이 발생할 확률이 매우 높다.

---

7    dogma. 독단적인 신념이나 학설

❶ 세계 주요 종교분쟁 지역을 생각나는 대로 짚어 보고 해당 지역에서 종교분쟁이 일어나게 된 배경을 말해 보자. 그리고 이 같은 종교분쟁에 대해 알아야 하는 이유에 대해서도 생각해 보자.

--------------------------------

--------------------------------

--------------------------------

--------------------------------

--------------------------------

--------------------------------

❷ 고질적인 이스라엘과 팔레스타인이 종교분쟁이 일어나게 된 배경은 무엇인가? 이 지역에서는 영토 분쟁도 잦게 일어나는데 이것은 종교분쟁과 어떤 관계를 갖는가?

--------------------------------

--------------------------------

--------------------------------

--------------------------------

--------------------------------

--------------------------------

❸ 인도와 파키스탄 그리고 방글라데시는 영국으로부터 독립되기 전 하나의 국가였는데 왜 지금처럼 분리된 나라가 되었을까? 사정이 이렇게 된 데에 종교는 어떤 역할을 했을까?

---

---

---

---

---

---

❹ 이란과 이라크는 같은 아랍 국가임에도 불구하고 적대적인 관계에 놓여 있다. 정치적인 상황이 이렇게 된 데에 종교적인 요인은 어떤 영향을 미쳤을까?

---

---

---

---

---

---

# 3부

# 종교분쟁이
# 일어나는
# 원인은?

　지금까지 세계에 산재되어 있는 대표적 종교분쟁 지역들에 대해 알아보았다. 이렇게 분쟁을 일으키는 종교들에게는 공통점이 있다. 앞서 소개한 분쟁 지역과 관련된 종교들을 보면 이슬람교, 개신교, 가톨릭, 유대교 등 하나 같이 유일신을 믿는 종교라는 것을 알 수 있다. 그래서 어느 한 지역에 이 네 종교 가운데 두 개 이상이 모이면 종교분쟁이 일어날 수 있는 소지가 크다고 하겠다.

## 종교분쟁의 조건
★ ★ ★

　물론 이 네 종교 가운데 두 개 이상이 모인다고 반드시 종교분쟁이 일어나는 것은 아니다. 그러나 여기에 다른 요인이 첨가되면 분쟁이 일어날 확률은 매우 높아진다. 다른 요인이란 영토 문제나 주도권 쟁탈과 같은 정치적인 요인, 다른 민족을 차별하는 인종적인 요인, 자원 소유를 두고 다투는 경제적인 요인 등을 말한다.

단순히 세속적인 요인만으로 갈등이 생기고 분쟁이 일어나더라도 종교적인 요소가 개입하지 않으면 큰 분쟁으로 발전하지 않는 경우도 종종 있다. 상호 타협으로 사태를 마무리하는 것이다. 반대로 종교적인 요인이 가미되면 분쟁이 더 처참한 쪽으로 발전되고 해결의 실마리를 찾지 못해 제자리걸음을 할 공산이 크다.

물론 지금 말한 상황에 해당하지 않는 사례도 있다. 앞에서도 언급했던 것처럼 인도 펀자브 지방에서 시크교도들이 힌두교를 신봉하는 인도 정부와 분쟁을 벌였던 사례가 그것이다. 시크교는 종

◆ 머리에 터번을 두른 시크교도들.

교적 관용 면에서 둘째가라면 서럽다고 할 인도에서 발생한 종교 이건만 분쟁을 일으켰으니 다소 생소하기까지 하다.

사실 이 종교가 15세기에 처음 생겼을 때는 매우 평화적이고 개혁적인 모습을 보였다. 그러나 17세기가 되면서 시크교는 전투적으로 바뀌게 된다. 그러다 그들의 본거지인 펀자브 지방의 자치를 요구하면서 인도 정부와 전쟁까지 하게 된 것이다. 이들이 이렇게 전투적으로 바뀐 것은 이 종교의 교리에 이슬람교의 유일신 사상이 들어가 있기 때문이다. 유일신 사상에는 기본적으로 다른 신을 배척하는 정신이 있어 다른 신을 믿는 집단을 배타적으로 대하는 경우가 많다.

이 종교가 호전적으로 바뀐 데에는 또 다른 요인도 작용하였다. 이슬람교에 원래부터 있었던 '지하드' 교리가 그것으로 이 교리는 시크교가 전투적으로 바뀌는 데에 상당한 영향을 미쳤을 것 같다. 지하드라는 용어는 종종 '성전(聖戰, holy war)'으로 번역되는데 이 교리에 따르면 무슬림들은 전쟁을 감행할 수 있다. 대부분의 세계종교들은 전쟁을 금하고 있는데 이슬람교는 전쟁을 인정하는 것이다. 물론 아무 전쟁이나 다 인정하는 것은 아니고 이슬람교를 지키기 위해서 하는 전투에 한해서만 용인했다. 전쟁을 최소화한 것이다. 그렇지만 이런 교리가 있는 종교를 믿는 집단은 아무래도 전투적으로 될 확률이 높다. 이런 이유로 시크교가 같은 인도 종교인 힌두교 등과는 달리 투쟁적인 태도를 취했던 것 아닌가 하는 생각이다.

○ 각 종교의 상징 기호들.

위와 같은 설명을 들은 사람들은 아마 이런 의문들을 가질지 모른다. '유일신을 믿는 사람들은 모두 하나의 신을 믿는 것인데 왜 서로 싸우는가?', '이들이 믿는 신 가운데 어떤 신이 진짜인가?', '유대교인과 기독교인이 믿는 야훼와 무슬림이 믿는 알라는 같은 신인가 아니면 다른 신인가'와 같은 질문을 던질 수 있다. 우리는 이보다 더 근본적인 질문도 할 수 있을 것이다. '신이 존재하는가?'라는 질문부터 '신은 반드시 하나이어야만 하는가?', '신이 하나인 것은 어떻게 알 수 있는가?' 그리고 '신이 하나라고 한다면 어떤 신이 진짜인지 가짜인지를 판단할 수 있는 절대적인 기준이나 근거는 무엇인가?' 등등 이런 근본적인 질문은 얼마든지 계속될 수 있다.

이에 대한 것은 쉽게 대답할 수 있는 것이 아니지만 될 수 있는 대로 간단하고 객관적으로 그리고 쉽게 설명해 보자. 인류의 역사

○ 고대 이집트의 태양신 라.

가 시작된 이래로 사람들은 이 세계를 만든 가장 근본적인 원인에 대해 생각했는데 이에 대해 그들은 매우 다양한 답을 내놓았다. 예를 들어 이집트에서는 이 근본 원인을 태양의 신인 '라'라고 생각해 태양을 숭배했다. 그런가 하면 어떤 민족은 이 근본적인 요인이 인격적인 신이고 이 신은 예언자 같은 신의 대리자를 보내서 인간들과 지속적인 교류를 한다고 생각했다. 이런 신의 유형을 생각해낸 종교 가운데 대표적인 것이 바로 유대교를 비롯해 유대교에서 파생된 종교들이다. 즉 기독교와 이슬람이 그것으로 이 종교를 믿는 사람들은 우주와 인간을 창조한 신은 하나이며 신이 인류를 구원하기 위해 예언자를 보낸다거나 여러 사건을 만들어 인류를 구원의 길로 인도하고 있다고 믿는다.

이런 종교에서는 신을 이렇게 설명하기 때문에 인간은 신에 대해 절대적으로 믿고 복종하는 마음을 가져야 한다고 가르쳤다. 이런 믿음은 인도 종교인 불교나 힌두교가 주장하고 있는 생각과 많이 다르다. 우선 불교는 이런 신을 인정하지 않는다. 불교 교리에 따르면 세상 만물은 창조주인 신이 만든 것이 아니라 인연에 따라 만들어져서 일정 시간 유지하다가 인연의 힘이 다하면 사라지는 것에 불과하다. 따라서 이 세상에는 신처럼 영원히 존재하는 것은 없다는 것이 불교의 주장이다. 그런가 하면 힌두교는 창조주로서 신을 인정한다는 점에서 중근동 종교와 비슷하다. 그러나 힌두교는 유일신을 주장하지 않고 수많은 신이 있다고 가르쳤다.

여기서 우리는 이런 질문을 던질 수 있다. 동양인이나 서양인이나 같은 사람들인데 왜 그들은 자신들이 믿는 신을 이렇게 다르게 묘사할까 하는 질문 말이다. 답은 아주 간단하다. 사람들이 인간과 우주를 만들어낸 근본 요인에 대해서 '해석'을 달리했기 때문이다. 특정 문화권에 사는 이들은 자기들이 보는 관점에서 이 근본 요인을 해석하고 이해하려고 했다. 그래서 다 다른 해석이 나온 것이다. 가장 비근한 예로 중근동 종교에서는 이 근본 원인을 하늘에서 인간의 모든 것을 통제하는 인격신으로 해석했다. 이들이 이런 식으로 신을 해석한 것은 그들이 처한 자연환경이나 생활환경에서 기인하는 것으로 생각되는데 예를 들어보면 이런 것이다. 이들은 유목 생활을 했기 때문에 그들에게 땅은 그다지 의미가 없었다. 이런 문화권에서는 신이 위(하늘)에서 주석하면서 매우 권위적인 형태로 나타나는 경우가 많다. 이런 신의 모습은 유대교 등과 같은 종교에서 나타나는데 이것은 앞에서 말한 대로 힌두교에서 제시하는 신의 모습과는 큰 대조를 이룬다. 힌두교에서는 신이 권위적으로 나타나지 않을 뿐만 아니라 인간은 그런 신의 화신이라고 주장한다. 여기에서 우리는 어떤 종교가 맞고 틀리고를 말하는 것이 아니다. 우리가 말하고 싶은 것은 이들이 주장하는 것은 모두 해석에 불과하다는 것이다.

여기서 다시 한번 강조하지만 해석에는 맞고 틀리는 것이 없다. 해석이란 모두 자신의 관점에서 이해한 것이라 관점이 달라지면 해석은 얼마든지 달라질 수 있다. 그런데 우리 인간은 어떤 해석이 다른 해석보다 더 우위에 있다고 판단할 만한 근거를 갖고 있지 않다. 이유는 간단하다. 모든 해석은 상대적이기 때문이다. 이것을 알 수 있는 좋은 비유가 있다. 앞을 못 보는 이들이 각각 코끼리를 만져보고 정의를 내리는 것을 상상해 보자. 이들 가운데에는 코끼리의 다리를 만지는 사람도 있고 엉덩이를 만지는 사람들도 있을 것이다.

이렇게 코끼리를 만지고 난 다음에 이들은 다리나 엉덩이가 코끼리라고 주장할 수 있다. 그들은 자기가 경험한 것만 가지고 코끼리를 해석한 것이다. 여기까지는 문제가 없다. 자기가 경험한 대로 이야기했으니 이것은 의견의 제시라는 점에서 얼마든지 용인될 수 있다. 문제는 자기가 경험한 코끼리만이 진정한 코끼리이고 다른 사람의 의견은 다 틀렸다거나 열등하다고 생각할 때 생긴다.

○ 상대적인 해석은 의견의 불일치를 가져올 수 있다.

이것은 해석을 독차지하는 것이다. 이런 태도가 틀렸다는 것은 삼척동자도 알 수 있는 것이다.

이 비유는 그대로 유일신교를 믿는 사람에게 적용할 수 있다. 어떤 사람은 이 신의 이름이 야훼이고 일정한 특징을 가졌다고 주장할 수 있다. 그런가 하면 어떤 사람은 이 신이 알라이고 이 신도 일정한 특징을 가졌다고 주장할 수 있다. 그런데 이것은 모두 그들의 해석이다. 해석은 어디까지나 해석이지 대상을 있는 그대로 묘사한 게 아니다. 따라서 어떤 해석도 다른 해석에 대해 우위를 점할 수 없다. 만일 이렇게만 생각한다면 저마다 다른 신을 믿는다고 생각하는 유일신교의 신도들끼리 쟁투가 일어나지 않을 것이다. 문제는 앞에서 말한 것처럼 내가, 혹은 우리가 내린 해석만이 참이고 다른 해석들은 틀렸다고 할 때 생기는 것이다. 이것이 바로 종교분쟁이 생기는 가장 근본적인 원인이라 하겠다.

자기 신만이 참이고 다른 신은 거짓, 혹은 열등하다고 생각하는 것이 얼마나 어리석은 것인가는 다음의 이야기를 통해서도 알 수 있다. 어떤 아이 둘이 서로 언쟁을 하고 있다. 둘 다 자기 아버지가 이 세상에서 최고라고 하면서 다투고 있는 것이다. 자기 아버지가 최고이니 다른 아버지는 최고가 될 수 없다. 이렇게 되면 다른 아버지는 진정한 아버지로 간주하지 않거나 열등한 아버지가 된다. 이런 대화는 상상의 것이 아니라 실제로도 많이 일어나는 사건이다. 이럴 때 우리는 '이 두 아이가 매우 어리구나' 하는 생각을 갖는다. 어리니까 저렇게 유치한 주장을 하지 그들도 나이를 먹으면 이런 태도가 얼마나 유치한 것인지 알 수 있을 것이라고 생각한다. 실제로 이들도 나이를 먹어 초등학교 고학년만 되어도 자기들 생각이 짧았다는 것을 알게 된다. 이 아이들이 간과했던 것은 자신의 아버지는 자기에게만 절대적이고 상대방에게는 상대적이라는 사실이다.

이것을 굳이 어려운 용어로 말하면 '절대적 상대주의'라 할 수 있다. 그러니까 내 아버지는 나에게는 절대적 존재이지만 상대에게는 상대적 존재라는 것이다. 그런데 상대방의 아버지는 상대방에게는 절대적이기 때문에 결코 그의 아버지를 깎아내려서는 안 된다. 그리고 내 아버지가 절대적 존재라는 것을 인정받고 존중받으려면 나도 상대방 아버지에게 같은 태도를 취해야 한다는 매우 자명한 사실을 깨닫게 된다. 여기까지 오면 이 둘은 더 이상 다툴 일이 없다.

이것을 지금 검토하고 있는 다양한 유일신교에 적용하면 문제가 다 풀린다. 야훼가 유대교도나 기독교도에게는 절대적인 신이듯이 알라는 무슬림에게 절대적인 존재다. 그래서 상대방의 신은 자신들에게만 절대적 존재이고 서로에게는 상대적인 존재라는 것을 인정한다면 아무 문제가 없는 것이다. 그런데 이들은 왜 자기 신만이 옳다고 우기는 것일까? 그것은 이들이 갖고 있는 신앙의 수준이 아직 초등학교 저학년생 정도의 단계에 머물러 있기 때문이다. 신앙의 성숙이란 다른 것이 아니다. 자신이 가진 신앙이 상대적인 것에 불과하다는 것을 인정하는 것이 그 시발점이 된다. 이전에는 이런 신앙을 가진 사람들이 매우 적었다. 그런데 지금 세계에는 이처럼 수준 높은 신앙을 가진 사람들이 종교를 막론하고 증가하고 있다. 이것은 인류가 영적으로 성장하고 있다는 증거가 되겠다.

그런데 이 세계에는 아직도 '유치'한 수준의 신앙을 가진 사람들이 주 세력을 이루고 있다. 그래서 종교분쟁이 자꾸 일어나는 것인데 이 분쟁에는 영토나 주도권, 자원 등 세속적으로 다양한 요인들이 개입되기 때문에 그 분쟁을 종식시키는 일이 쉽지 않다. 그리고 이렇게 복잡한 요인이 얽혀 있을 때에는 종교적으로 배타적인 태도, 다시 말해 수준이 낮은 신앙을 가진 사람들의 의견이 더 잘 먹히는 법이다. 그래서 이런 분쟁은 해결하기가 더 어려워진다.

그런데 인류는 자기가 믿는 종교와 다른 종교에 대해 이처럼 배타적인 태도만 취하는 것은 아니다. 인류는 20세기에 들어 종교적 배타주의를 넘어서는 열린 자세를 갖기 시작했다. 이 점에서 종교분쟁을 끝낼 수 있다는 희망을 품어보는데 우리는 뒤에서 이런 열린 태도에 구체적으로 어떤 것이 있는지 살펴볼 것이다.

## 다른 종교를 대하는 세 가지 태도

★ ★ ★

앞에서 우리는 유일신교가 가지기 쉬운 배타적인 태도에 대해서 보았다. 그러나 모든 종교가 유일신교는 아니기 때문에 지구상에 있는 종교들이 전부 배타적인 태도를 취하는 것은 아니다. 예를 들어 불교는 다른 종교에 배타적이지 않은데 이 점에 대해서는 그 이유와 함께 뒤에서 상술할 예정이다. 또 어떤 종교인은 자신이 믿는 종교와 관계없이 모든 종교는 상대적인 진리만 갖고 있다는 탄력적인 견해를 갖기도 한다. 또 어떤 집단은 아예 모든 종교는 같은 목표를 향해 가는 다른 길에 불과하다는 주장을 하기도 한다.

이처럼 우리는 다양한 시각에서 종교를 대하는데 이 같은 태도를 분류해 보면 대체로 다음과 같은 세 가지로 정리할 수 있다.

이것은 종교들이 다른 종교를 대하는 태도를 말하는데 여기에는 '배타주의', '포괄주의', '(종교적) 다원주의'와 같은 세 가지 입장이 있다. 우리가 앞에서 본 세계종교들은 이 세 가지 태도 가운데 하나를 택하는데 대체로 앞의 두 가지 태도, 즉 배타주의적인 태도와 포괄주의적인 태도를 취하는 것을 알 수 있다. 우리가 이 같은 태도에 대해 알아야 하는 이유는 이 가운데 어떤 태도를 택하느냐에 따라 종교분쟁을 일으키는 판도가 달라지기 때문이다. 여기서 먼저 간단하게 그 추세를 예상해 보면, 배타주의를 신봉하는 종교는 아무래도 다른 종교를 포용하는 포괄주의를 택한 종교보다 분쟁을 일으킬 소지가 더 많다. 그런가 하면 다원주의를 주장하는 사람들은 종교분쟁을 만들 여지가 거의 없어 보인다. 이 점은 뒤에서 설명이 전개되면 확실하게 이해할 수 있을 것이다.

## ✳ 배타주의 ✳

배타주의(Exclusivism)는 조금 전에 언급한 것처럼 자신의 종교 (그리고 이데올로기)만이 진리라고 믿는 태도이다. 따라서 자신의 종교를 제외한 모든 종교는 진리가 아니거나 잘못된 가르침, 더 나아가서 사악한(evil) 가르침이라고 여긴다. 세계종교 가운데 여기에 속하는 종교는 개신교, 1960년대 이전의 가톨릭 그리고 이슬람교를 들 수 있는데 여기에 이데올로기로서 마르크시즘 등을 포함시킬 수 있다. 개신교의 경우는 개개 교파마다 조금씩 다른 형태의 신앙을 표방하고 있어 일률적으로 말하기는 힘들지만 대체로 배타주의적인 태도를 취한다고 할 수 있다. 이는 이슬람교도 마찬가지다. 이 같은 종교적인 태도는 보통 근본주의(fundamentalism)나 보수 신앙이라는 용어로 표현되기도 한다. 가톨릭 역시 1960년대 이전까지는 매우 배타주의적인 태도를 견지했지만 이 이후부터는 전체 교회가 교황의 명에 따라 배타적인 태도를 더 이상 취하지 않게 된다. 이 점에 대해서는 뒤에서 상세히 논할 예정이다.

개신교나 과거의 가톨릭이 표방했던 이 같은 배타적인 신앙을 한 마디로 축약한 문구가 있다. '교회 밖에는 구원이 없다'는 것으로 지난 2,000년 동안 기독교는 이 신앙을 유지하고 있었다. 이것은 밖에서 볼 때는 지독한 폐쇄주의로 비치고 매우 오만한 태도로 보이지만 교회 안의 입장에서 보면 당연한 것이다. 왜냐하면 '우리' 종교에서 말하는 신이야말로 진정한 신이고 그 신께 구원받을 수 있는 통로는 예수라는 유일한 구원자밖에 없다고 믿기 때문이다. '유일'한 신에다가 '유일'한 구세주, 이렇게 유일이라는 단어가 두 번이나 겹쳤으니 기독교만이 참이고 다른 가르침은 모두 거짓된 가르침이 되는 것은 당연한 결론이라 하겠다.

기독교에는 이런 믿음을 확실하게 만드는 대표적인 구절이 그들의 경전에 나와 있어 빼도 박도 못하는 상황이 되었다. 이것은 매우 유명한 문구로 요한복음에 나온 '내(예수)가 길이요, 진리요, 생명이니 나를 거치지 않고 아버지(신)에게 갈 수 있는 사람은 없다(14:6)'는 것이 그것이다. 이 이외에도 이와 비슷한 문구가 더 있지만 이것 하나면 충분하다는 생각이다. 이 문구 덕에 세상의 모든 구원은 예수라는 하나의 통로로 귀착되었다. 기독교도들은 이 구절 때문에 예수만이 유일한 구세주로 믿게 된 것이다. '교회 밖에는 구원이 없다'는 믿음이 이런 배경에서 나온 것이라는 것은 말할 나위도 없다. 그런데 현대에 들어오면서 자유주의 신학이 발전하자 이 문구에 대한 문헌적 분석 및 비판이 등장했다. 자유주의 신학자에 따르면 이 말은 예수가 직접 그리고 진짜로 한 것이 아니라 당시 기독교 신자들의 소망을 예수의 입을 통해 표현한 것에 불과하다는 것이다. 많은 기독교 신자들은 신약에 나오는 예수의 언행이 그가 실제로 행한 것이라고 믿고 있는데 이것은 사실과 거리가 멀다. 그보다는 예수의 언행을 기술했던 사람들(마태나 요한 등)이 당시 신자들의 믿음을 예수의 말인 것처럼 포장해서 적은 것이 많다. 따라서 요한복음의 이 구절은 절대적인 권위를 가질 수 없다는 것이 이 자유주의 신학자들의 주장이다. 이들은 매우 면밀한 연구 끝에 이 같은 결론을 내린 것이기 때문에 의심할 여지가 없다. 그러나 대부분의 목사나 신도들은 이를 무시하는 경향이 강하고 '오직 예수'라는 신앙을 밀어붙이고 있다. '예수 천국, 불신 지옥'은 이러한 태도를 적나라하게 보여주는 좋은 예라 하겠다.

기독교가 가진 이러한 태도는 다른 종교를 대할 때만 나오는 것이 아니라 기독교 내부에서도 발견된다. 같은 기독교이지만 종파가 다르면 상대를 배타시하는 것이 그것이다. 그 가운데 가장 대표적인 것은 가톨릭과 개신교 사이의 갈등이다. 이 이외에도 다

○ 일부 개신교의 배타적인 면을 가장 잘 보여주는 문구.

른 종파와도 갈등이 있지만 이것 하나만 보아도 충분하리라는 생각이다. 이 두 종교 사이의 갈등은 같은 기독교이면서도 상대방을 인정하지 않는 데에 있다. 그중에서도 개신교가 가톨릭에 대해 갖는 배타적인 태도는 주목할 만하다. 개신교도들 중에는 가톨릭이 그들의 성서에는 없는 교황제도를 주장한다거나 마리아 숭배를 조장하고 있다는 것 등을 근거로 가톨릭을 이단이라고 비난하는 신도가 상당히 있다. 제3자의 입장에서 볼 때는 이러한 태도가 이해되지 않는다. 왜냐하면 개신교의 모태가 가톨릭이니 개신교가 가톨릭을 부정하는 것은 그 뿌리를 부정하는 것처럼 보이기 때문이다. 여기서도 우리는 어느 것이 참인지 거짓인지를 판단할 필요를 느끼지 않는다. 다만 개신교는 매우 배타적인 태도를 갖고 있다는 사실만 확인하면 되겠다는 생각이다.

이 같은 태도가 같은 유일신교 계통의 종교인 이슬람에서도 반복되리라는 것은 충분히 예상할 수 있는 일이다. 물론 시대에 따라, 또 종파에 따라 그 배타적인 태도가 조금씩 정도가 다르지만 이슬람교는 대체로 '이슬람 이외의 신앙은 모두 무가치하고 거짓된 가르침이며 (이런 가르침을 따르면) 지옥에 떨어진다'는 믿음을 견지하고 있다. 이것은 무슬림의 신앙 고백을 들어보면 예상할 수 있는 태도다. 무슬림이 되려면 다음의 문구를 공개적으로 외워야 하는데 이 문구는 매우 유명한 것으로 다음과 같다. '알라(하나님) 외에 다른 신은 없으며 무함마드는 그의 예언자다'라는 것인데 무슬림이 되고자 하는 사람은 이 문구를 여러 사람 앞에서 외우기만 하

○ 사우디아라비아의 국기에 적힌 문구가 바로 이 고백문(샤하다)이다.

면 이슬람교의 신자가 된다. 여기에는 알라 외에 다른 신이 없다는 내용이 있는데 이것은 다른 신이나 종교를 인정하지 않는 배타적인 태도로 발전될 가능성이 크다.

그런데 이 고백문에는 명시되어 있지 않지만 무함마드는 그냥 예언자가 아니라 마지막 예언자라고 믿는 것이 무슬림들의 신앙이다. 무슬림들의 신앙에 따르면 무함마드는 세상의 모든 가르침을 완성시키는 가장 위대한 사람이다. 그러나 이슬람교에서는 예수 이전의 주요 인물들, 즉 아브라함이나 모세, 예수 등도 모두 신의 사도 혹은 예언자라는 사실을 인정한다. 여기서 우리는 두 가지 태도를 읽을 수 있다. 우선 무함마드가 마지막 예언자라고 했으니 그의 뒤에는 어떤 예언자도 있을 수 없다. 이 점에서 우리는 이슬람교의 배타적인 태도를 읽을 수 있다. 그러나 이슬람에서는 유대교나 기독교의 예언자들을 모두 알라의 사도로 인정하고 있다. 이 점에서 우리는 이슬람교의 포용적인 태도를 읽을 수 있다. 이러한 태도는 이슬람교의 역사에서 빛을 발했다. 실제로 이슬람교는 과거에 기독교보다 다른 종교에 대해 관용적인 태도를 취했다. 예를 들어 기독교도가 어떤 지역을 정복하면 예외 없이 그 지역의 주민들에게 모두 기독교로 개종할 것을 강요했다. 이런 조치에 저항하면 죽음만이 그들을 기다리고 있었다. 그러나 과거에 있었던 이슬람 국가 중에는 피정복민들을 억지로 이슬람교로 개종시키지 않고 일정한 세금만 내면 그들의 신앙을 유지하게 한 국가도 있었다.

다음은 마르크시즘이다. 마르크시즘은 기독교에 버금갈 정도로 배타적인 면이 강한 이데올로기이다. 마르크시즘은 '세속적 기독교'라 불릴 만큼 기독교와 닮은 부분이 많이 있다. 기독교를 가장 반대하는 이데올로기인 마르크시즘이 어떻게 그 비난의 대상과 비슷할 수 있느냐는 질문이 가능하겠다. 그러나 자세히 살펴보면 기독교에서 신이나 천사, 영혼 등과 같은 초자연적인 것을 걷어내면 마르크시즘이 된다고 할 정도로 이 둘은 닮았다. 어떤 점이 그렇게 닮은 것일까?

먼저 이 둘은 진리 유일주의를 주장하는 점이 닮았다. 이들은 진리는 하나뿐인데 그것을 자신들이 독점하고 있다는 믿음을 갖고 있다. 마르크시즘은 신을 인정하지 않는 유물주의다. 그런데 그들은 마르크시즘만이 유일한 진리고 다른 가르침은 그것이 다른 종교가 됐든 다른 이데올로기가 됐든 다 틀렸다고 주장한다. 이것은 지독하게 배타적인 진리관인데 이 때문에 마르크시즘을 신봉하게 되면 다른 어떤 것도 용납하지 않게 된다. 그런데 이 모습은 기독교가 과거에 보여준 모습과 똑같지 않은가? 이 때문에 이 두 사조가 같은 지역에 있게 되면 반드시 쟁투가 벌어진다. 이것은 예외가 없다. 두 사조가 공존하는 법이 없고 하나만이 살아남아야 한다. 상대방을 증오하는 마음은 기독교보다 마르크시즘이 더 한 것 같다. 왜냐하면 마르크시즘은 종교가 인민의 혁명 의지를 꺾는다고 생각해 특히 종교를 염오하기 때문이다, 그래서 마르크시즘이 팽배한 지역에는 기독교 같은 종교가 살아남지 못한다.

기독교와 마르크시즘은 비슷한 점이 또 있다. 메시아가 세상을 구원한다고 믿는 것도 두 사조가 닮았다. 마르크시즘의 추종자들은 기독교에서 예수가 세상을 구원했듯이 마르크스가, 또 그의 사상이 세상을 구원할 것이라고 믿는다. 그런데 예수만이 유일한 구세주라고 했듯이 마르크시즘에서는 마르크스가 유일한 구세주다. 마르크시즘이 유일한 진리이기 때문에 그것을 창안하고 전파하는 마르크스가 유일한 구세주가 될 수밖에 없다. 다음으로 비슷한 것은 배교자에 대한 처리다. 기독교에서는 배교란 있을 수 없는 죄다. 그것은 거룩한 교회를 배반하는 것이고 신을 거역하는 일이기 때문이다. 따라서 배교자에게는 어떠한 자비도 베풀지 않는다. 철저한 응징만 있을 뿐이다. 마르크시즘도 마찬가지다. 공산주의 사회에서 공산주의를 거부하는 사람에게는 죽음만이 기다리고 있다고 보아야 할 것이다. 마르크시즘은 거의 종교적인 수준에까지 올라가 있기 때문에 배신자들을 결코 용납하지 못하는 것이다.

마지막으로 비슷한 점은 이 두 사조가 모두 유토피아의 도래를 예언한다는 것이다. 먼저 기독교는 세상의 종말이 온 다음에 천년왕국이라는 유토피아가 도래해 기독교를 믿었던 사람은 거기서 영생을 누리면서 행복하게 산다고 주장한다. 같은 생각은 마르크시즘에서도 발견된다. 즉 프롤레타리아(무산 계급) 혁명이 성공적으로 끝나면 프롤레타리아들에게 유토피아가 도래한다고 주장하는 것이 그것이다. 이런 여러 유사점 때문에 마르크시즘을 세속화된 기독교라고 여기는 것인데 이렇게 보면 마르크시즘이 기독교로부터 많은 영향을 받은 것을 알 수 있다. 이 두 사조가 이렇게 닮았

으니 이 둘이 공존하는 일이 불가능해지는
것이다. 특히 마르크시즘이 주 세력이 되
는 사회에서는 다른 사조들이 모두 탄
압받는데 그런 예를 멀리 갈 것 없이
북한이나 중국을 들여다보면 되겠다.

○ 세계교회협의회 로고.

　그러면 한국의 종교 신자들은 배타
주의와 관련해 어떤 태도를 견지하고 있을
까? 특히 한국 개신교도들은 그 믿음의 내용
이 어떨까? 한국에서 개신교를 신앙하는 사
람은 90% 이상이 앞에서 말한 배타주의적인 태도를 갖고 있다.
한국 개신교 안에는 장로교나 감리교와 같은 다양한 종파가 있는
데 이 종파들은 대부분 배타적인 신앙을 고수하고 있다. 물론 교
회 중에도 드물게 다른 종교에 열려 있는 교회도 있지만 이것은
소수에 불과하다. 한국 개신교의 배타적인 태도를 잘 보여주는 사
례가 있다. 세계교회협의회(World Councul of Churches)는 세계 최대의
기독교 연합 단체인데 이 단체는 종교다원주의를 주장하면서 다
른 종교를 인정했다. 다른 종교를 선교의 대상이 아니라 인류를
같이 끌고 나아가야 할 이웃으로 인정한 것이다. 한국 개신교 교
회 중 많은 교회가 이것을 트집 잡아 이 단체를 이단시했다. 왜 기
독교가 다른 종교를 종교로서 인정하느냐고 비난한 것이다. 한국
의 이러한 상황에 대해서는 뒤에서 다룰 예정이니 그때 더 자세하
게 보기로 하자.

# ✦ 포괄주의 ✦

포괄주의(Inclusivism)는 일단 다른 종교를 배척하지 않는 점에서 배타주의와 다르다. 다른 종교를 '포용'한다는 것인데 이것은 다른 종교를 이웃으로서 인정하는 것을 의미한다. 그런데 여기서 잊지 말아야 할 것은 다른 종교를 인정한다고 해서 다른 종교를 자신이 믿는 종교와 같은 급으로 보는 것은 아니라는 것이다. 포괄주의자들은 '사람들이 다른 종교를 믿는 것은 좋지만 그래도 최고의 종교는 내 종교'라는 태도를 견지한다. 그러니까 내 종교가 그들이 믿는 종교보다 낫다는 입장이다.

이러한 태도를 표방하는 대표적인 종교는 불교와 가톨릭이다. 이 가운데 가톨릭의 사례는 아주 특이하다. 왜냐하면 가톨릭은 앞에서 말한 것처럼 1960년대 이전까지는 전형적인 배타주의적인 종교였는데 그 뒤에 포괄주의로 노선을 바꾸었기 때문이다. 이것은 인류 종교사에서 여간해서 일어나지 않는 특이한 사례이기 때문에 뒤에서 조금 상세하게 다룰까 한다.

그 전에 불교의 경우를 보면, 불교는 그 기본 바탕에 대단히 평화적이고 탄력적인 교리를 깔고 있다. 그 때문에 불교는 다른 종교에 대해 어떠한 적대감도 나타내지 않는다. 불교에는 그 첫 번째 계율이면서 중요한 교리인 '불살생', 즉 생명을 해쳐서는 안 된다는 가르침이 있다. 이것은 인간은 물론이고 동물(심지어 어떤 경우에는 식물)도 죽이거나 해쳐서는 안 된다는 교리이다. 이런 교리를 가진 종교는 어떤 사람이 다른 종교를 믿는다고 해서 그 사람을 박해하거나 심지어 죽이는 일은 결코 할 수 없을 것이다. 인간을 위시한 모든 생명을 사랑하라고 했는데 종교가 다르다는, 그다지 중요하지 않은 요인을 가지고 다른 사람을 해코지하는 것은 불교도들에게는 생각할 수 없는 일이었다. 게다가 불교는 교리상으로 자신의 종교를 절대화하지 않고 세상의 여러 가르침 중의 하나로 여기게끔 짜여 있어 놀랍다. 종교란 자고로 '내 종교가 최고다'라고 주장하는 게 인지상정인데 불교는 이마저 버리고 자신의 가르침을 상대화한 것이다.

이렇게 붓다는 자신의 가르침을 상대화하면서 '내 가르침이 최고니까 나만 따라야 한다'는 말을 하지 않았다. 붓다는 자신의 가르침이 유일한 것이 아니라 자신은 옛사람의 길을 따랐을 뿐이라고 주장했다. 이러한 태도는 붓다가 행한 다음과 같은 비유에서 잘 읽을 수 있다. 이것은 '옛성의 비유'라는 것인데 붓다는 자신을 옛성을 찾아간 사람으로 비유했다. 그런데 그가 그 성으로 가는 길을 가다 보니 자기 이전에도 많은 선인들이 그 길

● 금동미륵보살반가사유상(1962-1) 평화로운 자태를 뽐내고 있다. ⓒ 문화재청 국가문화유산포털

을 간 것을 발견했다고 주장했다. 붓다가 새로운 길을 독자적으로 개척한 게 아니라 남들이 이미 갔던 길을 다시 밟았을 뿐이라는 것이다. 이것은 깨달음으로 가는 길은 누구에게나 같은 길이라 자신이 새롭게 만든 것이 아니라는 것을 뜻한다. 불교는 그 많은 길 중의 하나라는 것이지 불교만이 유일한 길은 아니라는 것으로 지구상에 있는 종교 가운데 스스로를 이렇게 상대화한 종교는 일찍이 없었다.

또 불교에는 '뗏목의 비유'라는 가르침이 있다. 이 비유에서 붓다는 자신의 가르침을 뗏목에 비유한다. 이 비유는 이렇게 전개된다. 우리가 강을 건너려면 뗏목이 필요한데 강을 건넌 다음 그 뗏목을 가져가는 사람은 없다. 마찬가지로 붓다의 가르침도 차안(此岸, 이쪽 강변)에서 피안(彼岸, 저쪽 강변)으로 갈 때까지만 유용하지 일단 피안(구원 혹은 깨달음)에 도달하면 버려야 한다는 것이 그의 주장이다. 앞에서는 자신의 가르침을 상대화시켰는데 이제는 그것도 모자라 그 가르침을 버려도 된다고 하니 그의 태도가 얼마나 탄력적인지 알 수 있겠다. 이것은 배타주의를 표방하는 종교에서 자신의 종교가 주장하는 것은 유일하고 최고이며, 따라서 그것을 버린다는 것은 상상할 수도 없다고 하는 태도와 너무나도 큰 대조를 이룬다.

이런 면에서 불교는 세상으로 활짝 열린 종교임이 틀림없는데 이것은 어디까지나 교리적으로 볼 때 그렇다는 것이고 실제의 세계에서는 다른 양상을 보인다. 이런 교리는 일반적인 불교도들이 갖는 태도와는 조금 거리가 있어 보인다. 실제는 어떻다는 것일까? 승려를 포함한 대부분의 불교도들은 다른 종교에 매우 개방적인 태도를 취하지만 마음속으로는 '그래도 우리 불교가 최고다. 따라서 불교를 믿지 않으면 절대적인 깨달음은 얻을 수 없다'라고 생각하는 것 같다.

이것을 불교식으로 말하면, 기독교에서 하는 것처럼 신 같은 대상을 믿는 것은 하근기(下根機), 즉 수준이 떨어지는 사람들이 하는 짓이고 우리 불교는 상근기(上根機), 즉 가장 뛰어난 사람들이 믿는 종교라는 것이다. 사실 이런 생각은 자신의 가르침을 철저하게 상대화한 붓다의 의도를 제대로 따르고 있는 것은 아니다. 붓다의 가르침과는 달리 자신의 종교를 절대화하고 있기 때문이다. 그러나 이렇게 생각하는 것은 평범한 종교인들이 능히 가질 수 있는 견해라고 본다. 그렇지 않은가? 자신이 믿는 종교가 최고라고 여겨야 열심히 믿지 자기의 종교가 여러 가르침 중의 하나에 불과하다고 하면 누가 성실하게 신앙생활을 하겠는가?

이상이 불교도들이 표방하는 포괄주의적인 태도인데 같은 포괄주의적인 태도를 갖고 있는 가톨릭은 해당 주제에 조금 다르게 접근한다. 불교는 자신의 태도를 다소 두루뭉술하게 말했지만 가톨릭은 대놓고 포괄주의적인 태도를 보인다는 점이 다르다. 이를 이해하기 위해서는 가톨릭의 최근 역사를 살펴보아야 한다. 앞에서 간략하게 밝혔지만 가톨릭은 1960년대에 들어오면서 어마어마한 개혁에 휩싸인다. 그 여파는 마르틴 루터가 16세기에 일으킨 종교개혁에 버금간다고 할 수 있다. 왜냐하면 신·구교 통틀어서 처음으로 가톨릭이 기독교 유일주의를 벗어났기 때문이다. 이는 가톨릭이 지난 2,000년 동안 고수했던 '교회 밖에는 구원이 없다'는 교리를 포기했다는 것을 뜻한다. 불교나 이슬람교, 힌두교와 같은 타종교를 이단으로 여기고 죄악시한 태도를 180도 바꾼 것이다.

그런데 이런 일이 있을 때 가톨릭이 무서운 것은, 이 종교는 교황을 중심으로 철저하게 중앙집권적으로 조직되어 있다는 것이다. 그래서 교황청에서 한번 결정하면 전 세계에 있는 모든 가톨릭 교회에 전달되고 그때부터 각 교회에 소속된 성직자와 신자들은 그 지시를 무조건 따라야 한다. 이것은 예외가 없다. 가톨릭에서는 개 교회가 독자적으로 행동하는 것은 좀처럼 일어나지 않는 일이다. 이처럼 교황청에서 다른 종교를 배타시하지 말고 존중하라는 교시가 전 세계의 가톨릭교회에 전달되면 그때부터 신부는 그 지시에 복종해야 하고 신자들을 그렇게 교육해야 한다. 이렇게 하면 단번에 십수억 명의 생각이 바뀌니 이게 얼마나 큰일이겠는가?

우리는 이 시점에서 '도대체 가톨릭은 어쩌다 이런 큰 변혁을 맞이하게 되었을까'라는 질문을 던질 수 있을 것이다. 이런 기념비적인 일이 일어났으니 그 원인에 대해 의문을 갖는 것은 당연한 일이다. 그 일은 이렇게 진행된다. 가톨릭에서는 교회 안에 큰 문제가 생길 때마다 '공의회'라는 모임을 크게 연다. 그러면 전 교회의 대표자들이 모여 그 문제의 해결을 위해 회의를 한다. 1960년대에 열린 공의회는 당시 교황이었던 요한 23세가 소집한 것이다. 이

◑ 제2차 바티칸 공의회를 개최한 요한 23세.

것은 제2차 바티칸 공의회라고 불리는데 이 공의회가 열린 이유
는 그 당시 교황인 요한 23세가 일종의 종교 체험을 하고 교회의
개혁이 필요하다고 생각한 때문이었다. 요한 23세는 가톨릭교회
가 지나치게 보수화되어 있고 권위적이며 폐쇄적이라고 생각했다.
그래서 그는 많은 반대를 물리치고 가톨릭교회를 대대적으로 혁
신하기 시작했는데 그 전모가 엄청나게 방대하기 때문에 여기서
그것을 다 다룰 수 없다. 또 그럴 필요도 없으니 우리는 우리의 주
제와 관계된 것만 보기로 한다.

　이 공의회에서 결정된 것 중 획기적인 것을 조금 단순하게 표

현하면 '다른 종교를 믿어도 구원받을 수 있다'는 것이었다. 당시 가톨릭교회에서 이렇게 생각하게 된 논리는 아주 단순하다. 신은 다른 종교가 만들어지고 발전하는 데에 개입했다고 믿었기 때문이다. 따라서 다른 종교에도 신의 뜻이 반영되어 있고 그 종교에서 가르치는 대로 양심에 따라 선하고 바르게 살려고 노력하는 사람은 구원받을 수 있다는 것이다. 이러한 생각은 교회 바깥에서 볼 때는 아주 당연한 것이다. 기독교 신자에 따르면 인간 세상에 일어나는 모든 일은 신의 뜻에 따라 생긴 것이니 기독교 이외의 종교도 신의 뜻에 따라 만들어진 것이 된다. 그러니 그 종교에도 기독교의 윤리나 믿음 같은 훌륭한 가르침이 있을 것이라는 것은 당연한 것 아니겠는가?

이렇게 당연한 사실을 인정하는 데에 가톨릭은 2,000년의 세월을 소비한 것이다. 그런데 이 같은 생각을 받아들인다면 가톨릭교도들은 이렇게 반문할지 모른다. '다른 종교를 믿어도 구원을 받을 수 있다면 굳이 가톨릭을 믿을 필요가 있겠는가'라고 말이다. 이 질문에 대해 가톨릭의 신학자들은 대체로 포괄주의적인 태도를 취한다. 이 태도를 아주 간단하게 보면, 다른 종교를 믿어도 좋지만 우리 가톨릭을 믿는 게 더 낫다는 것이다. 어떤 신학자는 이것을 다음과 같이 표현했다. 다른 종교는 구원으로 가는 '일반적인 길'이라면 가톨릭은 '특별한 길'이라고 말이다. 이것을 좀 더 신학적으로 표현한 것이 있는데 이것은 저명한 가톨릭 신학자인 칼 라너가 주장한 것으로 '다른 종교인들은 익명의 크리스천'이라는 개념이다. 익명의 크리스천이란 '이름을 숨긴 크리스천'이라는 뜻이 되겠다. 이 말은 다른 종교인들은 비록 겉으로는 다른 종교를 믿고 있지만 진짜 속내는 가톨릭교도라고 주장하는 것이다. 그러니까 전 세계의 모든 종교인들이 기독교 신자라는 얘기인데 이 이론은 다른 종교인들로부터 많은 공격을 받았다. 너무 가톨릭 중심의 사고이자 오만한 태도라고 말이다. 이에 대한 판단은 독자들에게 맡기겠지만 가톨릭의 이러한 태도는 전형적인 포괄주의적인 태도라고 하겠다.

포괄주의에 대한 비판은 배타주의와 다원주의 양쪽 모두에서 가해졌다. 우선 배타주의의 입장에서 보면 가톨릭의 이 같은 태도는 기독교의 존재 자체를 부정하는 것처럼 보일 수 있다. '오직 예수(Jesus Only)'의 입장인 배타적인 개신교의 입장에서 보면 가톨릭의 이러한 개방적인 태도는 말도 안 되는 언어도단으로 비쳐질 것이다. 기독교도의 정체성을 무시하는 태도이기 때문이다. 그런가 하면 종교의 상대성을 인정하는 다원주의 입장에서 보면 이 포괄주의적인 태도는 아직도 자기 종교만이 최고라는 종교제국주의적인 발상의 흔적이 남아 있는 것으로 보일 것이다. 다원주의자들이 가하는 이 같은 비판은 이해는 되지만 포괄주의적인 태도는 일반 종교인들이 취할 수 있는 가장 바람직한 태도가 아닌가 한다. 일반 종교인들은 높은 신학이나 철학의 이론으로 무장할 능력도, 또 그럴 필요도 없다. 그럴 경우 배타주의적인 태도보다 포괄주의적인 태도를 취하면 다른 종교나 세상을 향해 열릴 가능성이 있기 때문에 바람직하다고 할 수 있는 것이다.

지금 이런 논의만 소개하면 종교에 대해 잘 모르는 사람들은 가톨릭이 이때 얼마나 큰 변화를 치렀는지 모를 수 있다. 위에서 한 논의는 신학적인 것이라 종교에 익숙하지 않은 사람들에게는 그다지 와 닿지 않는 설명일 수 있다. 그런 독자를 위해 이 공의회 이후에 전 세계 가톨릭교회에 어떤 변화가 있었는지를 한국을 중심으로 아주 간략하게 보자. 가톨릭교도가 아닌 사람이 느끼기에 이때 가톨릭이 보여준 가장 큰 변화는 한국인들이 행하는 조상 제사를 인정한 것이었다. 제2차 바티칸 공의회에서는 가톨릭의 현대화를 이룩하기 위해 많은 시도를 했는데 그중의 하나가 해당 선

○ 서양식 묘비 앞에서 제사를 지내는 모습.

교지의 문화를 존중하라는 것이었다. 한마디로 말해 가톨릭을 선교하면서 쓸데없는 충돌을 피하고 가톨릭 신앙이 왜곡되지 않는 범위 안에서 선교 지역의 문화를 인정하라는 것이었다.

동북아시아에서 가톨릭을 선교할 때 가장 큰 걸림돌은 조상 제사 문제였다. 지난 역사 동안 이 지역에서 가톨릭이 박해받은 가장 큰 이유는 조상 제사를 인정하지 않았기 때문이었다. 중국이나 일본도 상황이 비슷했지만 한국(조선)에서도 가톨릭은 조상 제사를 거부하는 바람에 엄청난 박해를 받았다. 가톨릭의 교리 입장에서 볼 때 조상 제사는 '나 이외의 다른 신을 섬기지 마라'는 제1계명을 어기는 것이었다. 조상들의 신위를 앞에 놓고 절을 하는 유교도들의 모습이 가톨릭교도들에게는 우상숭배로 보였던 것이다. 그래서 교회에서는 가톨릭교도가 제사 지내는 것을 엄격하게 금지했다. 그러나 제2차 바티칸 공의회에서는 이전과 다른 해석이 나왔다. 조상 제사는 가톨릭의 교리에 위배되지 않는다는 교시가 나왔고 그에 따라 한국인들은 가톨릭 신자가 되어도 제사는 이전처럼 지낼 수 있게 되었다.

그래서 가톨릭교도들이 실제로 제사 지내는 것을 보면, 기독교 경전을 읽는 등 기독교적인 요소가 조금 들어가지만 겉모습만 봤을 때는 이전의 유교식 제사와 그다지 차이점이 보이지 않는다. 이런 가톨릭의 노력 덕분에 유교 같은 전통 신앙과 기독교를 같이 유지하고 싶은 구세대들은 부담 없이 가톨릭을 받아들일 수 있다. 이것은 아직도 제사를 거부하고 있는 대부분의 개신교도의 태도와 비교하면 천양지차라고 하겠다. 앞에서 한국 개신교도의 90% 이상이 배타주의를 택하고 있다고 했는데 이들은 여전히 조상 제사를 우상숭배로 간주하고 철저하게 배격하고 있다.

그다음으로 한국인이 느낄 수 있는 큰 변화는 미사를 드릴 때 쓰는 용어를 라틴어에서 한국어로 바꾼 것이다. 이것 역시 공의회에서 제정한 대로 가톨릭을 현지화하라는 전략에 따라 생긴 변화였다. 이 이전까지 전 세계의 가톨릭교도들은 그들이 제일 중요하게 생각하는 미사를 드릴 때 라틴어를 사용했다. 미사라는 것은 신께 드리는 제사 같은 것인데 개신교의 예배와 다른 점은 미사 내내 신부와 신도들 사이에 대화가 오간다는 것이다. 그런데 이때 이 대화를 모두 라틴어로 진행했다. 라틴어가 진리를 표방하는 절대 언어인 것처럼 생각하는 가톨릭의 입장에서는 이러한 태도가 당연할 수 있다. 그런데 대부분의 교도들은 라틴어를 알지 못했기 때문에 그들은 미사를 지내는 동안 자신들이 무슨 말을 하고 있는지 제대로 몰랐을 것이다(물론 번역이 있었을 테지만). 한번 상상해 보자. 1960년대 이전에 산골의 할머니가 가톨릭교도가 되어 매주 미사를 드리는데 자신은 한 번도 접해 보지 못했던 라틴어를 읊조리며 한 시간 이상 미사를 드리는 모습을 말이다. 이것은 참으로 코미디 같은 상황이 아닐 수 없다. 요한 23세는 이런 가톨릭의 구태의연한 모습에 칼을 댄 것이다.

이 이외에도 여러 가지 작은 개혁이 있었지만 그것을 다 밝힐 필요는 없고 이 정도만 말해도 가톨릭이 이때 어떤 변화를 거쳤는

○ 에리히 프롬.

지 알 수 있을 것이다. 가톨릭이 현재 세계 제일의 종교가 된 것은
바로 이런 변혁 덕분에 가능한 것이다. 가톨릭의 이러한 변화를
두고 20세기 최고의 정신분석학자 중의 한 사람이었던 에리히 프
롬(Erich Fromm)은 가톨릭은 이때 권위주의적인 종교에서 인간을 중
시하는 종교로 바뀌었다고 설파했다. 프롬에 의하면 가톨릭은 4
세기에 로마의 국교가 되면서 인본주의적인 종교에서 권위주의적
인 종교로 바뀌었는데 20세기 중반에 와서야 다시 초기 기독교가
지니고 있었던 인본주의적인 요소를 회복했다고 한다. 그러니 이
변혁이 얼마나 큰 것인지 알 수 있지 않을까 싶다. 가톨릭의 변화

에 대해 설명이 다소 길어졌는데 가톨릭의 이 같은 변화는 종교가 나아가야 할 바람직한 방향을 보여준 것이라 생각되어 설명을 길게 해 보았다.

## ✳ 종교다원주의 ✳

종교다원주의(Religious pluralism)는 말 그대로 다양한 현상을 있는 그대로 인정하자는 것이다. 종교도 마찬가지다. 전 세계에 수많은 종교들이 있는데 그중에 어떤 것이 어떤 것보다 낫다는 식으로, 혹은 어떤 종교만이 진리라고 규정하지 말고 모든 종교의 특성과 그 종교가 처한 고유한 문화적 배경을 인정하자는 것이다. 이에 대해서는 앞에서 이미 밝힌 바 있다. 즉, 인류가 그동안 신봉했던 수많은 종교나 종교적 현상들은 가장 근원적인 존재 혹은 실재에 대한 각 문화권의 반응이니 모두 존중해야 한다는 것이다.

이게 무슨 말일까? 앞에서 우리는 종교들은 각기 인간과 우주에 대해 다른 해석을 내렸다고 했는데 예를 들면 이런 것이다. 인간은 사물의 근원에 대해 관심이 많다. 이 같은 질문의 전형적인 예는 다음과 같은 것이다. 나는 내 부모에게서 왔다, 그러면 내 부모는 어디서 왔을까? 이와 같은 질문을 계속하다 보면 '가장 근원되는 것이 무엇일까'라는 질문에 부딪히게 된다. 이때 기독교 같은 유신론에서는 그 근원을 신이라고 해석했다. 이런 결론을 내린 종교 전통은 이 종교 외에도 많이 있다.

그런데 기독교(그리고 유대교)는 여기에 나름의 독특한 해석을 더했다. 그 해석은 다음과 같다. 인간은 자기를 낳은 신에 대해 불복종해서 죄를 짓고 말았다. 이른바 원죄론이다. 인간은 이 원죄 때문에 일생을 큰 고통 속에 살게 된다. 따라서 이 죄를 씻어야 하는데 방법이 있다. 인간이 이 죄에서 벗어나려면 그 신이 보낸 구세주를 믿고 이 구세주가 제시한 도덕적인 생활과 종교적인 행위를 수행해야 한다. 그러면 우리는 죽은 다음 그 신이 만들어 놓은 천국에서 영생할 수 있다. 이것이 기독교가 우리에게 내놓은 신과 인간에 대한 해석이다.

같은 주제에 대해 불교는 전혀 다른 해석을 내놓았다. 불교에서는 기독교에서 말한 신을 인정하지 않는다. 불교에 따르면 모든 것은 인연에 따라 생기고 소멸한다. 그런데 유신론에서 말하는 신은 인연 같은 것과 관계없이 스스로 존재한다. 그러니 인연을 중시하는 불교의 입장에서는 이런 신은 존재할 수 없다고 볼 수밖에 없다. 불교가 말하는 구원도 영 다르다. 불교에서 말하는 구원은 그런 신을 믿는 것이 아니라 인간의 내면을 성찰해 궁극적인 문제를 찾아내 풀면 획득할 수 있는 것이다. 불교에 따르면 우리 인간에게는 무명(無明)이라는 근원적인 무지가 있다. 인간의 모든 문제는 이 무지로 인해 발생하기 때문에 깊은 명상을 통해 이 무지가 무엇인지 알면 우리는 그것에서 벗어날 수 있다. 이처럼 불교의 구원관은 대단히 이성적이다.

지금까지 우리는 세계종교를 대표하는 기독교와 불교의 가장 기본 되는 가르침에 대해 아주 간단하게 살펴보았다. 그런데 이들의 가르침은 달라도 너무 다르다. 그래서 서로 이해하기가 힘들지 모른다. 그러다 자칫하면 서로를 오해할 수 있어 이들은 상대방의 종교를 다음과 같이 평가할지도 모른다. 기독교의 입장에서는 신을 인정하지 않는 불교는 시답지 않은 종교로 보일 수 있고 불교도들이 불상에 대고 절하는 것을 보면 전형적인 우상숭배라고 간주할지 모른다. 그런가 하면 불교의 입장에서는 기독교가 허상에 불과한 신을 숭배한다고 생각해 그들의 신앙 행위가 유치한 어린아이가 하는 짓처럼 보일지도 모른다. 그리고 자기 힘으로 깨치려고 하지 않고 허상의 존재인 신에 의지해 구원을 받겠다는 기독교도들의 태도가 허튼수작으로 보일 수 있다. 그러나 종교다원주의는 다른 가르침에 대해 자기 종교의 잣대로 판단하지 말고 있는 그대로 인정하자고 주장한다. 그리고 각 종교의 교리가 많이 다르기는 하지만 인간의 도덕이나 선행, 지혜를 강조하는 점에서는 동일하기 때문에 세계의 종교들은 지향하는 목적지가 같을 수 있다고 주장했다. 물론 이 범주에서 이상한 신흥 종교들은 제외해야 한다.

설명이 조금 어려워진 것 같은데 독자들의 이해를 돕기 위해 비유를 들어 설명해 보자. 비유를 통해 설명하면 앞에서 말한 배타주의와 포괄주의와 이 다원주의가 어떻게 다른지에 대해 확실하게 이해할 수 있을 것이다. 이럴 때 가장 많이 드는 비유가 산이다. 더 구체적으로 말하면, 산의 정상이 종교가 추구하는 목적지인데 그곳으로 가는 길이 각 주의마다 다르게 제시된다. 먼저 배타주의를 보면, 배타주의자들이 말하는 길은 아주 간단하다. 그들이 묘사하는 산에는 정상까지 올라가는 길이 딱 하나만 있기 때문이다. 다른 길들은 아예 시작도 못하는 길인가 하면 올라가다가 흐지부지되는 길이 대부분이다. 정상까지 갈 수 있는 길은 자기 종교가 제시하는 길뿐이다. 이와 같은 식으로 길을 제시하는 종교는 대체로 앞에서 말한 대로 개신교나 이슬람교다.

그다음으로 포괄주의가 제시하는 길은 조금 다르다. 이들은 다른 길도 인정하기 때문에 그들이 묘사하는 산을 보면 여러 개의 길이 있고 이것들은 각각 산 정상을 향한다. 그런데 그 길 가운데

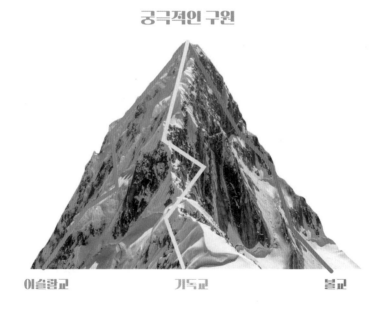

◎ 종교다원주의는 모든 종교가 같은 정상을 향하고 있다고 가르친다.

대부분은 어느 정도 올라가 보면 길이 험해져 그 길을 따라 오르는 사람이 더 이상 가는 것이 힘들어진다. 또 이 길이 정상까지 연결되어 있는지도 확실하지 않다. 이때 옆을 보니 아주 자연스럽고 쉽게 산을 오를 수 있는 A라는 길이 있었다. 그래서 다른 길로 가던 사람들은 이 A로 갈아타서 무사히 정상으로 올라갈 수 있었다. 반면에 다른 길로 올라가는 사람들은 정상에 오르지 못하는 사람도 있었고 또 올라가더라도 아주 어렵게 올라갔다. 산 정상으로 가는 길을 이렇게 제시하는 것이 포괄주의적인 태도다. 앞서 말한 대로 이 태도에서는 다른 길을 인정하기는 하지만 나의 길이 제일 낫다고 주장한다. 이렇게 주장하는 종교는 불교나 가톨릭이 있다.

다음은 종교다원주의가 제시하는 길의 비유이다. 다원주의가 제시하는 이 산의 모습을 보자. 그들이 묘사하는 산에는 길이 여러 개 나 있는데 이 길들은 모두 정상으로 향하고 있다. 따라서 어느 길을 택하든 정상으로 가는 데에는 문제가 없다. 이 길의 비유는 간디가 소개한 적이 있어 더 유명해졌다. 간디는 세계종교는 모두 진리를 향하고 있다고 설파했다. 이 비유는 별생각 없이 보면 문제가 없어 보인다. 모든 종교를 다 인정하니 갈등이 생길 여지가 없는 것이다.

그러나 이 비유에도 문제가 없지 않다. 가장 먼저 질문할 수 있는 것은, 이 모델은 모든 종교가 같은 목적지를 향해 가고 있다고 하는데 과연 그렇겠냐는 것이다. 그러니까 불교를 통해 다다르는 종착역과 기독교를 믿어 가는 종착역이 같냐는 것이다. 그런데 종교는 불교나 기독교만 있는 게 아니다. 앞에서 본 것처럼 이슬람교도 있고 시크교도 있다. 또 그 외에도 지구상에는 수없이 다양한 종교들이 있다. 다원주의에 따르면 이 종교들이 가는 종착점이 모두 같다. 그런데 우리는 이 종착점이 다 같다는 것을 어떻게 알 수 있을까? 그렇게 생각할 수 있는 근거는 무엇일까?

종교다원주의에 대한 비판은 계속된다. 다원주의 모델에 따라 각종 종교들이 모두 같은 지점에 도착한다고 주장하는 것은 종교의 다양성을 무시하는 것 아니냐는 비판이 그것이다. 그래서 반대로 다양성을 인정한다면 혹시 각 종교가 제시하는 종착점이 다 다른 것은 아닌가 하는 의문도 가질 수 있다. 그러면 이 의견에 따라 만일 각 종교가 모두 다른 정상에 도착한다면 그 정상들은 서로 아무 관계가 없는 것일까? 아니면 각 종교가 추구하는 최고봉이니 그 정상들 사이에 어떤 공유되는 점이 있는 것일까? 이런 식의 질문이 계속해서 나오는데 이에 대해서는 아직 제대로 된 답이 제시되어 있지 않다.

아직 질문이 끝나지 않았다. 이 종교다원주의는 모든 종교를 인정하니 매우 민주적이고 훌륭한 이론처럼 보인다. 또 절대적인 종교는 없다는 종교 상대주의를 설하니 신자가 많은 큰 종교나 신자가 얼마 되지 않는 작은 종교가 모두 똑같이 취급된다. 이것은 흡사 유엔에서 미국 같은 대국이나 피지 같은 소국이 모두 한 표를 행사하는 것과 비슷하다. 그런데 이렇게 모든 종교를 상대적인 관점에서만 보면 간단하지 않은 문제가 생긴다. 지구상에 있는 모

ⓞ 독가스 테러를 일으킨 옴진리교의 아사하라 쇼코 교주.
2018년에 사형 집행되었다.　　　　　© AFP연합뉴스

든 종교를 있는 그대로 인정해야 한다면 사람을 죽이고 가정을 파괴하고 여성에게 성폭력을 행사하는 종교도 인정해야 한다는 말인가 하는 질문이 생긴다. 예를 들어 1995년 도쿄 지하철에 독가스인 사린 가스를 살포해 수많은 사람을 죽이고 다치게 한 일본의 신종교인 옴진리교도 인정해야 한다는 말인가 하는 것이다. 한국에도 이런 예가 적지 않다. 특히 신흥종교에서 이 같은 일탈이 많았다. 이 종단들은 현재도 활동하고 있기 때문에 이름을 밝히지 않겠지만 이들 종단은 신도들을 수단으로 이용하여 금품을 갈취한다든가 성폭력을 자행한다든가 심지어 사람을 죽여서 몰래 묻거나 집단 자살을 하게 하는 등의 반사회적인 행동을 많이 저질렀다.

만일 종교다원주의를 있는 그대로 따른다면 이 문제 많은 종교들이 마지막 종착지로 삼는 것도 세계종교인 불교나 기독교의 그것과 같은 것이 된다. 그러나 이것이 진실이 될 수 없다는 것은 너무나도 당연하다. 우리는 여기서 아무리 종교다원주의가 좋은

이론이라 해도 그것을 있는 그대로 따를 수 없다는 사실에 직면한다. 앞에서 말한 신흥종교집단은 종교집단이라기보다 범죄집단이니 그런 집단을 인정할 수는 없는 일이다. 따라서 어떤 종교를 판단할 때 최소한의 기준은 있어야 한다. 그 최소한의 기준은 과연 무엇일까?

우리가 종교를 판단할 때 최소한의 기준으로 삼는 것은 인본주의(Humanism)라고 할 수 있다. 종교의 다양성을 인정하더라도 인본주의에 거스르는 종교는 순전한 종교로 볼 수 없다. 이 인본주의를 따르면 종교가 신도들을 수단으로 사용해서 그와 그의 가족을 파괴하는 일을 할 수 없다. 또 추종자들을 외딴곳에 가두어 놓고 세뇌시킨 다음 그들을 착취하는 일도 할 수 없고 임금을 제대로 주지 않으면서 일을 시켜서 거기서 나온 이득도 갈취할 수 없다. 그런데 우리는 적잖은 신흥 종교에서 이런 일탈의 행위들이 자행된 것을 알고 있다.

모든 종교를 같은 수준에서 보고 다 인정하자는 종교다원주의의 취지는 좋다. 그러나 그렇다고 모든 종교를 있는 그대로 받아들여서는 안 된다. 앞서 말한 대로 인본주의를 어기는 종교는 종교로서 존중해서는 안 된다. 그러나 인본주의를 거스르지만 않는다면 그 종교가 주장하는 것을 잘못된 것이라고 단정해서는 안 된다. 우리에게는 그럴 권한이 없기 때문이다. 따라서 이런 입장에 선다면 이른바 '이단'이라는 단어는 쓸 수 없게 된다. 모든 교리는 해석이라고 했으니 그 해석이 인본주의만 해하지 않는다면 틀렸다고 할 수 없다는 것이다.

예로서 기독교에서 이단이라고 부르는 '여호와의 증인' 같은 신흥 종교가 주장하는 교리를 보자. 이 종교에서는 수혈을 거부하고 있는데 외부인인 우리는 이것을 두고 틀렸다고 할 수 있는 권한이 없다. 그들은 그들 나름대로 경전을 그들의 식으로 해석한 것이기 때문에 그 해석이 틀렸다고 말할 수 있는 절대적인 근거는 있을 수 없다. 따라서 종교다원주의자들은 자신의 잣대를 가지고 다른 종교를 판단하지 않는다. 그러니 종교다원주의를 따르게 되면 종교분쟁은 일어날 수가 없다. 종교다원주의가 위에서 본 문제를 가지고 있지만 지금 인류는 서서히 종교다원주의를 채택하는 쪽으로 움직이고 있다. 아직도 가야 할 길은 멀지만 적어도 시작은 했으니 계속해서 이 방향을 향해 갈 것이다.

## 종교분쟁을 방지하려면
★ ★ ★

우리는 이 장에서 먼저 종교분쟁이 일어나는 지역의 종교적 특징에 대해 보았고 더 나아가서 종교의 어떤 교리들이 분쟁을 일으키는가에 대해 살펴보았다. 그와 더불어 종교들이 다른 종교를 대하는 세 가지 태도에 대해 알아보았는데 종교분쟁이라는 주제와 관계해서 보니 여기에는 일정한 패턴이 있는 것을 감지할 수 있었다. 즉, 대부분의 종교분쟁은 이슬람이나 기독교 같은 배타주의적인 진리관을 가진 종교들 사이에서 일어나고 있는 것을 알 수 있었다. 그러니까 한 지역에 배타주의를 표방하는 종교가 둘 이상이 있으면 그런 곳에서는 종교분쟁의 가능성이 커지게 된다고 할 수 있다.

그중에서도 종교분쟁이 있는 곳에 가장 많이 등장하는 종교가 있었는데 그 주인공은 바로 이슬람이었다. 이것은 앞에서 본 종교분쟁 지역을 둘러보면 쉽게 알 수 있다. 이 지역들을 보면 이슬람이 개입되지 않은 지역이 거의 없었다는 점에서 그렇게 말할 수 있다. 왜 이렇게 되었을까? 이것은 이슬람교가 다른 종교들보다 더 강한 배타적인 정신을 갖고 있기 때문이다. 쉽게 말해 이슬람교 이외의 종교들에 대해 개방적인 태도를 취하지 않는다는 것이다. 특히 그들은 서구와의 경쟁에서 경제적인 분야나 정치적인 분야에서 밀리게 되자 서구의 종교에 대해 더 배타적인 태도를 취하고 있는데 그런 성향이 분쟁을 더 많이 일으키고 있는 것으로 보인다.

이슬람교의 배타적인 정신은 다른 종교로만 향하는 것이 아니었다. 그들은 배타정신이 너무 강해 자신들의 종교 내부에서도 분쟁을 일으키고 있었다. 앞에서 본 것처럼 시아파와 순니파의 갈등이 그것으로 이들의 적대감은 상당한 수준에 달해 있다. 이란과 이라크가 대립하고 있는 현실에서 이 두 종파의 갈등 상황을 잘 알 수 있는데 이들은 같은 이슬람교 국가이면서도 서로 살상하는 전쟁을 피하지 않았다. 게다가 이슬람교에는 탈레반이나 알카

○ 살상무기로 무장한 알카에다 병사.

에다, IS와 같은 광적으로 이슬람교에 집착하며 무력을 행사하는 극렬 단체가 여럿 있는데 그들의 배타적인 태도는 하늘을 찌른다. 그들은 같은 이슬람권 내에서도 다른 무슬림들을 너무나 배타적인 자세로 대해 그들의 가르침 외에 다른 이슬람권의 해석은 모두 오류라고 주장한다. 사정이 이러하니까 이슬람교가 종교분쟁에 휘말릴 소지가 큰 것이다.

반면에 서구에는 종교분쟁이 거의 없다. 종교를 가진 서구인들은 대부분 가톨릭과 개신교를 신봉한다. 그런데 앞에서 본 것처럼 가톨릭은 포괄주의적인 태도를 취하기 때문에 분쟁을 일으키는 일을 하지 않는다. 이것은 개신교도 마찬가지다. 지금 말하는 개신교는 한국의 개신교를 지칭하는 것이 아니다. 개신교라고 해서 다 같은 개신교라고 생각하면 안 된다. 한국의 개신교는 배타적인 태도를 신앙의 근본으로 삼지만 서구의 개신교는 이전의 배타적인 태도를 버리고 적어도 포괄주의적인 태도에 근접한 신앙을 견지하고 있는 것으로 보인다. 앞에서 잠깐 보았지만 세계교회협의회 같은 가장 큰 기독교 연합 단체가 종교다원주의를 지지하고 있는 형편이니 이런 개신교 집단은 타종교를 배척할 일이 없다. 사정이 이러하기 때문에 서구에서는 종교를 가지고 분쟁을 일으키는 일이 없는 것이다. 게다가 대부분의 서구는 자유민주주의를 신봉하기 때문에 더더욱 종교 문제를 가지고 다투려고 하지 않는다. 만일 문제가 생겨도 그들은 민주적인 방법으로 해결하려고 하지 분쟁을 일으키지는 않는다. 자유민주주의 국가들 사이에는 아예 전쟁이 일어나지 않기 때문에 종교 교리를 가지고 다투는 일은 있을 수 없다.

이 정도면 종교분쟁과 관련해서 전 세계의 종교들이 어떤 상황에 있는지 알 수 있었을 것이다. 그런데 우리가 발을 딛고 사는 땅은 한국이니 한국에서는 이 주제와 관계해서 어떤 일이 벌어지고 있는지 알아보아야 한다. 한국은 종교적으로 아주 특이하고 재미있는 나라이기 때문에 한국 종교를 이해하는 일은 매우 흥미로운 작업이 아닐 수 없다.

## 꼭꼭 씹어 생각 정리하기

❶ 종교분쟁이 일어나는 지역의 종교적 특징은 무엇일까? 다종교 사회 이지만 종교분쟁이 일어나지 않는 지역은 어떤 점에서 종교분쟁이 일어 나는 지역과 다를까? 종교분쟁의 발생과 자유민주주의와 같은 정치 제 도는 어떤 상관관계가 있을까?

--------

--------

--------

--------

--------

--------

❷ 다른 종교를 대하는 태도 가운데 배타주의와 포괄주의는 어떻게 같 고 다른가? 세계종교 가운데 이 같은 태도를 취하는 종교는 각각 무엇 인가?

--------

--------

--------

--------

--------

--------

❸ 종교분쟁의 해결책으로 모든 종교를 있는 그대로 인정하는 종교다원주의를 제시하는 것은 온당한 일인가? 종교다원주의가 가진 문제는 무엇일까?

❹ 대부분의 종교분쟁 지역에 이슬람교가 개입된 것을 알 수 있는데 그 이유는 무엇일까? 이슬람교가 다른 종교보다 호전적이라 그런 것일까? 아니면 다른 요인이 있을까? 있다면 그것은 무엇일까?

4부

우리나라는
왜 종교분쟁이
없을까?

　한국은 종교적으로 아주 특이하고 재미있는 나라다. 한국을 막연하게 알거나 중국이나 일본과 묶어 도맷금으로 생각하는 외국인은 다른 동아시아 국가처럼 한국 역시 불교 같은 전통 종교가 우세한 나라라고 여기기 십상이다. 그런데 한국에 와보면 방방곳곳에 교회가 넘쳐나는 것을 보고 놀란다. 특히 서울 같은 대도시에는 조금 과장되게 이야기해서 한 집 건너 교회가 있다고 할 정도로 교회가 많다.

　정작 한국에 개신교를 전파한 미국의 도시에는 이 정도로 교회가 많지는 않다. 그러니 이 많은 한국 교회를 보고 놀라지 않을 수 없을 것이다. 게다가 이 교회들의 십자가는 밤에 빨간빛을 발산한다. 그래서 교회가 많은 지역은 흡사 공동묘지에 온 것 같은 느낌을 갖게 한다. 전 세계를 돌아다녀 보아도 한국처럼 십자가를 빨갛게 칠한 나라는 본 적이 없어 신기하기만 하다.

반면에 지방, 특히 산을 다녀보면 불교 사찰이 넘쳐난다. 이름 있는 산치고 절이 없는 곳이 없다. 그곳에는 절의 주인인 승려들이 살고 있고 아직도 많은 사람이 법당에서 절을 올리는 등 불교 의례를 행하는 것도 볼 수 있다. 절이나 불교 관계 유물 가운데에는 유네스코에 세계문화유산으로 등재된 것도 많다. 이렇게 보면 한국은 유구한 불교 전통을 가진 나라로도 보인다. 한국에서는 불교도 개신교 못지 않게 엄연히 살아 있는 종교인 것이다.

이 정도 되면 한국을 종교적인 관점에서 둘러본 외국인들은 한국의 종교적 정체성에 대해 의문이 들 것이다. 한국인들이 진정으로 믿는 종교는 과연 무엇인가? 또 이렇게 동서양의 종교가 공

◎ 안동시 목성동에 조성된 종교타운 목성공원. 기독교·불교·천주교·유교·성덕도 등 지역 5대 종교기관이 모여 있다.
© 안동시

존하는데 왜 분쟁은 일어나지 않는 것일까 하는 의문을 가질 수 있다. 이런 의문에 답하기 위해서는 먼저 한국의 종교적 상황을 보아야 할 것이다.

## 한국의 종교적 상황은?

★ ★ ★

한국을 종교의 백화점이라고 일컫는 사람들이 있다. 백화점에 없는 물건이 없듯이 한국에는 없는 종교가 없다는 의미에서 그렇게 묘사하는 것이다. 앞에서 본 것처럼 한국에는 불교나 유교 같은 전통 종교가 엄연히 신앙되고 있다. 그런가 하면 개신교, 가톨릭 같은 서양 종교도 들어와 성황을 이루고 있다. 통일교나 대순진리회 같은 신흥 종교도 나름의 세력을 갖고 있다. 이렇게 다양한 종교들이 공존하고 있으니 종교의 백화점이 아니냐는 것이다.

그러나 이것은 사실이 아니다. 진짜 종교의 백화점은 한국이 아니라 미국이다. 백화점이라는 표현은 앞에서 말한 대로 없는 상품이 없는 것을 비유한 것이다. 종교의 백화점이라면 세계 종교 가운데 없는 것이 없어야 한다. 그런데 한국에는 없는 종교가 많다. 대종교인 힌두교도 없고 시크교도 없다. 유대교도 없다. 또 다른 세계종교인 이슬람교는 그 모습이 아주 조금만 눈에 띌 뿐이다. 그런데 이런 종교가 미국에는 다 있다. 미국은 워낙 많은 민족이 모여 사는 곳이라 전 세계의 모든 종교들이 다 들어와 있다고 해도 틀리지 않는다.

그래서 종교의 다양성이라는 점에서 보면 전 세계에 미국을 능가할 나라가 없다. 비근한 예로 불교를 들어보자. 한국인들은 불교가 너무 익숙한 나머지 불교의 종파에 대해 별다른 생각을 하지 않지만 불교도 종파가 나라별로 매우 다양하다. 지금 한국에는 외국에서 들어온 불교의 종파가 별로 없지만 미국은 다르다. 미국에는 한국 불교 사원을 비롯해 일본계, 네팔계, 대만계, 태국계, 월남계, 라오스계, 미얀마계, 스리랑카계 등의 불교 사원이 다 들어와 있다. 한마디로 미국에는 전 세계 불교 종파가 다 들어와 있다고 생각하면 된다.

이에 비해 한국 불교에는 이러한 다양성이 없다. 20세기 후반부터 동남아 불교가 아주 조금씩 수입되었지만 별 파급 효과는 없다. 우리나라에는 그저 한국식의 선불교만 있을 뿐이다. 불교만 그런 게 아니다. 개신교도 미국에 비해 다양성이 현저히 떨어진다. 세계에는 수만 개가 넘는 개신교 종단이 있는데 이 가운데 한국에 있는 것은 소수이기 때문이다.

그런데 우리나라에는 다른 나라에서는 찾아볼 수 없는 아주 희귀한 종교적 현상이 있다. 바로 원시 시대부터 현대까지 한국에 존재했던 종교들이 모두 공존하고 있다는 것이다. 물론 이는 우리나라만의 특징은 아니지만 한국에서는 이 현상을 매우 두드러지게 볼 수 있다. 한국의 원시 종교란 바로 무속(무교, 巫敎)을 이르는

것이다. 일반적인 한국인들은 무속을 미신으로 여기고 중요한 종교로 간주하지 않는 경향이 있지만 우리나라 종교사에서 최초의 무당을 단군으로 잡고 있는 만큼 실제로는 역사가 수천 년이 되는 굉장히 오래된 종교다. 또한 그 긴 역사 동안 무속은 그다지 변하지 않았다. 노래와 춤으로 신을 불러 이에 빙의된 무당이 신탁[8]을 전달하는 구조가 수천 년 전이나 지금이나 똑같다.

현재 지구상에는 한국의 무속처럼 원시 종교가 도시에서 버

---

8    神託. 신이 사람을 매개자로 하여 그의 뜻을 나타내거나 인간의 물음에 대답하는 일.

것이 굿 같은 종교 의례를 벌이는 곳이 드물다. 기독교가 2,000년 이상을 득세한 구미에서는 이런 의례를 찾기 힘들며 이슬람이 1,000년 이상을 지배한 아랍 지방에도 이런 원시 종교는 남아 있지 않다. 기독교나 이슬람은 앞에서 본 것처럼 배타성이 아주 강한 종교라 다른 종교는 용납하지 않았기 때문에 민속 종교들의 명맥이 끊긴 것이다.

이렇게 보면 우리 주위에서 원시 종교가 남아 있는 지역은 인도나 동남아, 일본 등 몇몇 국가 정도일 것이다. 그러나 확실하게 말할 수 있는 것은 한국의 무속은 아직도 종교로서 살아 있다는 것이다. 지금도 전국 곳곳에는 수많은 무당이 신당을 차려 놓고 아침저녁으로 신령을 위해 의례를 올린다. 그리고 찾아오는 손님에게 점을 쳐주고는 한다. 한국인들 중에는 큰 문제에 봉착했을 때 잘 풀리지 않으면 마지막에는 무당을 찾아가는 사람들도 있다. 이때 무당이 주술적 처방이 필요하다고 하면 많은 돈을 지불하면서 굿을 하기도 한다. 이렇듯 무속은 한국인들의 생활 속에 깊게 침투해 있다. 전 세계에 한국의 무당 같은 원시적인 민간 '사제'가 활발하게 종교 활동을 하는 나라는 그다지 많지 않을 것이다.

이제 큰 종교들을 둘러보자. 우리나라에는 중국에서 들어온 불교나 유교 같은 세계종교가 1,000년 이상 자리를 잡아왔다. 특히 동양을 대표하는 종교인 불교는 한국에서 크게 성행했다. 신라에서 고려까지 약 1,000년의 세월 동안 한국의 국교이었던 만큼 빼어난 유물도 많이 남겼다. 석굴암이나 불국사 같은 유적은 물론

○ 국보이자 유네스코 세계유산인 석굴암.

이고 한국 불교의 메카라 할 수 있는 경주는 아예 도시 전체가 유네스코에 세계유산으로 올라가 있다. 깊은 역사와 함께 우리나라 문화재 가운데 60~70%가 불교 유물로 채워져 있다. 한국인들에게 불교는 특정 종교라기보다 생활의 일부분처럼 되어 있어 불교적인 사상이나 문화가 매우 자연스럽게 받아들여지고 있다.

유교도 마찬가지다. 유교는 마지막 왕조인 조선 때 국교가 되면서 우리 생활과 매우 밀접해졌다. 물론 유교는 한참 전인 삼국시대에 들어왔지만 절대적인 영향력을 발휘한 것은 국교가 된 조선 이후부터다. 유교는 종교적인 구원보다는 윤리적인 것을 많이 가르쳤기에 한국인의 가치관 형성에 결정적인 역할을 했다. 우리나라 사람들은 인생에서 가장 중요한 덕목을 '효'라고 생각하는 경우가 많은데 이는 말할 것도 없이 유교의 덕목이다. 그런가 하면 사회생활을 하면서 나이를 가지고 아래위를 엄격하게 따지는데 이 역시 유교의 장유유서 덕목에서 온 것이다.

한국과 유교의 관계에 대해서 말할 때 가장 중요한 사실은 현재 한국이 전 세계에서 가장 유교적인 국가라는 것이다. 유교의 원산지인 중국에서는 공산 정권이 들어서면서 유교가 많이 퇴색했고 일본에는 유교가 아예 정착되지 않았다. 그러나 한국에서는 유교식 제사를 열심히 지내고 장례도 유교식으로 하는 등 엄연히 살아 있는 종교가 되어 있다.

지금 제사나 장례를 유교식(정확히 말하면 주자가례식)으로 지내는 나라는 전 세계에 한국밖에 없다. 이렇게 보면 한국이 가장 중국적인 종교인 유교를 담지하고 있는 유일한 국가라 할 수 있다. 이 또한 한국 종교의 두드러진 특징인데 우리는 유교에 너무나 익숙한 나머지 이 사실을 잘 인지하지 못한다. 이처럼 한국에는 세계 종교인 불교와 유교가 활발하게 신앙되는 모습을 보이고 있다.

당연한 얘기겠지만 한국 종교의 역사에는 이 두 종교만 있는 것이 아니다. 한국에는 19세기 중엽부터 자생적으로 새로운 종교가 생기기 시작했는데 그 첫 번째 주자가 바로 최수운이 유교를 개혁하여 세운 동학이다. 그리고 수운을 이어서 강증산이 '증산교' 운동을 시작한다. 증산은 한국의 토속 종교인 무속을 다듬어 이를 바탕으로 종교 운동을 폈다.

그 뒤를 이은 것이 원불교를 창시한 소태산 박중빈이다. 원불교는 기존의 불교를 대대적으로 개혁한 종교로 가장 한국적인 불교라 할 수 있다. 한국 신종교를 대표하는 이 세 종교는 우리나라 사회에 큰 족적을 남겼다. 동학은 뒤에 천도교로 개명하여 3.1운동을 주도했고 증산교 운동에서 파생한 '대순진리회'는 '대진대학' 같은 종합 대학을 세웠다. 이 가운데 교세가 가장 큰 것은 원불교다. 원불교는 개신교, 불교, 가톨릭과 더불어 한국 4대 종단이 되었을 정도로 큰 교단으로 성장했다.

이후에도 한국에는 신종교 교단이 우후죽순으로 나타나는데 지금까지 나온 신종교 교단 수는 대체로 400개 정도로 추정된다. 이렇게 많은 종단이 짧은 기간에 새롭게 생긴 것은 한국이 근대기로 접어들어 종교 신앙의 자유가 보장되면서 가능했던 일로 보인다. 한국 신종교는 여러 가지 계통으로 나눌 수 있는데 그중에 가장 큰 것은 기독교 계통이다.

우리나라의 신종교 중에는 좋은 의미든 나쁜 의미든 세계적으로 유명한 종교가 있다. 속칭 통일교로 불리는 '세계평화통일가정연합'이다. 전 세계 개신교단에는 이른바 4대 이단이 있는데 통일교가 바로 여기에 속한다. 개신교 및 가

◑ 세계평화통일가정연합 심볼.

톨릭은 통일교를 가장 피해야 할 교단으로 낙인찍었기 때문에 그들과는 어떤 접촉도 금하고 있다. 이들이 통일교를 이렇게 경계하는 것은 통일교의 세력이 만만치 않기 때문일 것이다. 통일교는 선문대학이라는 종합대학을 갖고 있을 뿐만 아니라 수많은 기업도 운영하고 있을 정도로 거대한 덩치를 자랑한다. 이는 우리나라보다 신종교 교단이 훨씬 많은 일본도 이루지 못한 일이다. 한국이 종교적 열기 측면에서 다른 나라들을 능가하기 때문에 이러한 현상이 가능했던 것으로 보인다.

# 한국의 독특한 종교 세계

★ ★ ★

한국의 종교적 특색은 여기서 끝나지 않는다. 우리나라가 서구의 종교인 개신교와 가톨릭을 전적으로 수용했다는 점 또한 눈여겨 볼 부분이다. 동아시아 국가 가운데 한국처럼 스펀지가 물 빨아들이듯이 기독교를 흡수한 나라는 없다. 필리핀에서 가톨릭이 성행하는 것은 서구 국가의 식민 지배를 오래 받았기 때문이지 한국처럼 스스로 받아들인 것은 아니다. 반면 한국은 서구의 지배를 전혀 받지 않는데도 기독교를 전적으로 받아들였다. 이런 점에서 한국의 기독교 수용은 인류 종교사에서 발견하기 힘든 희한한 현상이라 하겠다.

○ 숭실대학교 한국기독교박물관 전경.

## ✳ 짧게 훑어보는 기독교 선교사 ✳

주변에 교회가 너무 많아서 그런지 한국인들은 기독교를 믿는
것을 그다지 이상하게 생각하지 않는다. 그러나 사실 한국인이 기
독교를 믿는다는 것은 매우 특이한 현상이다. 기독교는 신구교를
막론하고 세계인들을 대상으로 지난 2,000년 동안 선교에 열을

올렸다. 그런데 결과는 그다지 만족스럽지 못했다. 기독교 정착에 성공한 지역은 몇몇 지역밖에 없었기 때문이다.

일단 기독교가 정착된 지역을 보면 대부분 서구의 식민지가 된 적이 있는 지역임을 알 수 있다. 중남미 대륙 전체와 아프리카 대륙의 중남부 지역이 이에 해당한다. 그런데 같은 서구의 식민지였는데 인도에서는 기독교가 영 맥을 못 추었다. 여기에는 단순하지만 명확한 이유가 있다. 힌두교라는 전통 종교가 확고하게 뿌리내리고 있었기 때문이다. 대다수의 인도 사람들은 이미 힌두교를 믿고 있었기 때문에 종교를 바꿀 이유가 없었다.

종교 신앙이란 대단히 보수적인 것이어서 일단 한 종교를 믿기 시작하면 웬만한 일이 아니고서는 좀처럼 자신의 신앙을 다른 종교로 갈아타지 않는다. 이 사정은 세계 지도를 펴놓고 보면 쉽게 알 수 있다. 한 지역에 특정한 종교가 우세하게 되면 그 경향은 여간해서 바뀌지 않기 때문이다.

이 상황을 이해하기 위해 기독교를 신봉하지 않는 아시아를 중점적으로 보자. 우선 아랍 세계를 보면, 이곳은 이슬람교의 독식 지대라 기독교는 거의 수용되지 않았다. 아랍 사람들이 이슬람교 이외의 다른 종교를 믿는다는 것은 상상하기 힘들다. 그다음으로 인도는 앞에서 말한 대로다. 인도(그리고 파키스탄 등)는 힌두교(그리고 이슬람교) 전통이 수천 년을 지키고 있던 터라 기독교는 침투하지 못했다. 물론 인도인 가운데 소수의 기독교도가 있지만 무시해도 좋을 만한 숫자다. 인도 대륙 밑에 있는 스리랑카는 남방 불교의 대표적인 지역이라 이곳에도 기독교는 스며들지 못했다.

동남아시아는 잘 알려진 대로 불교를 믿는 지역과 이슬람이 주신앙으로 되어 있는 지역으로 나뉜다. 태국을 비롯해 라오스나 미얀마, 캄보디아 같은 동남아 국가를 비롯해 티베트나 부탄 같은 나라는 전형적인 불교 신앙 국가다. 반면 인도네시아나 말레이시아는 수백 년 전부터 이슬람을 받아들여 국민 대다수가 무슬림으로서 신앙생활을 하고 있다. 이처럼 동남아시아에는 아주 오래전부터 불교와 이슬람이 똬리를 틀고 있어서 기독교는 소수의 신앙에 그치게 된다. 예외가 있다면 가톨릭이 주 종교인 필리핀인데 이는 앞서 말한 대로 16세기 중반부터 19세기까지 오랜 세월 동안 스페인의 식민지로 있었기 때문이다.

중국과 일본 역시 비기독교 국가다. 이 나라를 둘러보면 교회 찾는 일이 매우 힘들다. 사람들이 기독교를 신앙하지 않으니 교회가 없는 것이다. 중국은 다 아는 것처럼 유교와 불교라는 전통 종교가 수천 년을 굳건하게 자리를 잡고 있었다. 그런 상황에서 16세기부터 가톨릭이 전교되기는 했지만 큰 호응을 얻지는 못했다. 또 개신교 선교사들이 19세기에 중국에 들어와 어느 정도 성공하는 듯했으나 20세기 중반에 중국이 본격적으로 공산화되면서 기독교는 약세를 면치 못하게 된다. 기독교 선교의 관점에서 중국을 보면 이렇게 보일 것이다. 중국은 불교나 유교 그리고 도교 같은 전통 종교가 기저에서 여전히 강세를 보이고 있고 국가적으로는 공산주의를 통치 이데올로기로 삼고 있으니 기독교가 선교되는 데에는 치명적인 결함이 있다고 말이다. 불교나 도교 같은 전통 종교만 있어도 기독교 선교가 어려울 텐데 중국은 종교를 반대하는 공산주의가 사회에 횡행하고 있으니 기독교가 발붙일 데가 없는 것이다.

일본의 경우도 중국과 그다지 다르지 않아 상세하게 보지 않아도 될 것 같다. 일본에는 그들의 고유 종교인 신도가 범국민적으로 자리 잡고 있고 그것을 지원해주고 있는 듯한 불교가 수천년 동안 일본을 지키고 있으니 기독교가 일본 사회를 뚫고 들어간다는 것은 불가능한 일이 아니었을까 하는 생각이다. 게다가 일본

◑ 일본 신도는 수많은 신을 섬기는 민족종교이다.

인들에게는 신처럼 받들어 모시는 천황과 같은 존재가 있다. 그런 절대적인 권위가 있는데 또 다른 절대적 권위를 갖고 있는 기독교의 신이 들어가 자리를 잡는 것은 결코 쉬운 일이 아닐 것이다. 여기에 더해 일본인들은 어느 민족보다 전통을 지키려고 노력하는 매우 보수적인 민족이다. 그런 그들이 조상 대대의 신앙인 신도와 불교를 버리고 기독교를 받아들인다는 것은 극소수의 사례를 제외하고 일어나지 않았다. 일본은 이처럼 기독교 선교의 대표적인 참패 지역으로 손꼽히지만 학문적으로는 그 반대다. 일본에서 연구되는 신학의 수준은 대단해서 아시아에서는 일본의 신학 연구 수준이 가장 높을 것이다. 한국은 기독교 신자 수에서는 일본을 압도적으로 능가하지만 신학은 일본을 따라가지 못하고 있다. 한국은 열렬한 기운은 넘치는데 차가운 머리가 없는 것이다.

지금까지는 서구의 기독교가 아시아 국가들에 전교되는 모습만 보았는데 이것은 반대로 보아도 마찬가지다. 이게 무슨 말인가 하면, 아시아 종교가 서구에 전교되는 모습을 보자는 것이다. 현대 사회는 종교 신앙의 자유가 보장된 터라 많은 아시아 종교가 서구로 진출했다. 특히 불교는 서구의 젊은이들을 매료시켰다. 그 가운데에서도 선불교와 티베트 불교는 인기가 많았다. 그러나 그렇다고 해서 서구에서 기독교가 우위를 점하고 있는 모습이 바뀐 것은 아니다. 그런데 현대에 들어와 기독교는 서구 사회에서 지난 이천 년 동안 보였던 유일 종교의 지위를 잃어버리는 것처럼 보인다. 특히 많은 서양 젊은이들은 더 이상 기독교를 신앙하지 않는다. 그래서 유럽에 산재되어 있는 그 많은 교회들은 일요일에 텅텅 비는 지경이 되었다. 서구에서 기독교가 이런 일을 당하리라고는 누구도 예상하지 못한 것이었다. 사회의 세속화 물결에 기독교가 속절없이 당한 것이다. 이처럼 서구는 기독교가 퇴색한 것처럼 보이는데 동양의 어느 종교가 침투해 기독교를 대신해서 사회의 주된 종교가 되었다는 이야기는 들어보지 못했다. 이유는 간단하다. 서구에서 기독교가 퇴색한 것처럼 보여도 서양의 근본 문화는 여전히 기독교 일색이기 때문이다. 그들은 기독교 신앙을 버린 것처럼 보이지만 생활문화는 기독교적이기 때문에 굳이 동양에서 생경한 종교를 받아들일 필요가 없는 것이다. 이렇게 보니 기성 종교가 새로운 지역에 들어가 그 지역의 주된 종교로 자리 잡는 일은 좀처럼 일어나지 않는 일이라는 것을 알 수 있다.

## ✦ 경이로운 기록을 가진 한국의 기독교 ✦

이 정도의 배경 설명이면 인류사에서 기독교가 어떤 선교의 역사를 가지고 있는지 알 수 있었을 것이다. 이 설명을 통해 우리가 알 수 있었던 것은, 기독교는 자신이 선교하고자 한 지역에 전통 종교가 뚜렷하게 있는 경우에는 그것을 뚫고 들어가 선교에 성공한 적이 없었다는 것이다. 그런데 유일한 예외가 있었으니 그것이 이제부터 보게 될 한국이다.

거듭 강조하지만 한국은 앞에서 본 것처럼 샤머니즘을 비롯해

서 불교나 유교 같은 기라성 같은 동양 종교가 치성하던 지역인데
기독교가 선교사 상 유례가 없는 성공을 거두었다. 기독교는 이처
럼 한국에서 대성공을 하면서 이제는 한국 사회에 뿌리를 내린 것
처럼 보인다. 이것은 기독교가 신구교 합해서 신도 수 면에서 한국
의 제1의 종교가 되었다는 것을 통해 알 수 있다. 자세한 것은 조
금 뒤에 보기로 하고 여기서는 한국 기독교가 지닌 경이로운 기록
에 대해 간략하게 보았으면 한다.

　이 주제와 관련해서 가장 먼저 말하고 싶은 것은 한국 가톨릭
이 세계 가톨릭 사에서 유일무이한 기록을 갖고 있다는 사실이다.

◐ 명동 성당.

그것은 한국인들이 가톨릭의 선교사 없이 자발적으로 가톨릭을 받아들였다는 것이다. 보통 가톨릭이 전파되려면 신부들이 해당 선교 지역에 가서 가톨릭 공동체를 만들어야 가능한 법인데 한국은 신부가 오기 전에 한국(조선)인들이 알아서 가톨릭 공동체를 만들었다. 이것은 가톨릭 역사 2,000년 동안 일찍이 없던 일로 한국은 그만큼 외래 종교나 외래 사조에 목말라 있었던 것으로 보인다. 이 뒤로 가톨릭은 매우 조용하게 종교 활동을 했기 때문에 그다지 주목할 만한 사건은 없다. 심지어 그들은 3.1 운동 때에도 침묵을 지켰다.

한국 가톨릭사에서 그다음으로 괄목할 만한 현상은 1980년대에 들어와 가톨릭 신자가 폭발적으로 증가한 사건이다. 당시 성당으로 몰려오는 신자들을 감당할 수 없었다는 신부들의 회고담이 무용담처럼 전해지고 있다. 이때 신자 1만 명이 넘는 대형 성당들이 많이 생겨나는데 본당의 자리가 부족해 별도의 방에서 영상 화면을 보면서 미사를 드리기도 했다. 그 결과 2020년대 지금의 가톨릭은 약 500만 명에 이르는 엄청난 신도 수를 보유하고 있는 것으로 추정된다. 신도 수를 정확하게 집계하는 것은 불가능에 가까운 일이기에 대략의 숫자를 잡아보았다. 이것은 다른 아시아 국가에서는 볼 수 없는 경이로운 기록이라 하겠다(단 필리핀은 제외).

한국인들은 이 모습이 익숙해 별것 아닌 것으로 생각하기 쉬운데 가톨릭 현대사의 관점에서 보면 이는 아주 특이한 일이다. 왜냐하면 당시 아시아에서 가톨릭이 이런 식의 성장을 보인 나라는 한국이 유일했기 때문이다. 그렇게 되니 한국은 성직자 공급 면에서도 문제가 없었다. 신부나 수녀(수녀는 성직자는 아니지만)가 되려는 사람들이 적지 않았기 때문이다. 이 현상도 유럽과 비교하면 매우 특이한 일이다. 유럽은 성직자 지망생이 나날이 줄어 고심하는데 한국은 그런 염려가 전혀 없었던 것이다. 심지어 한국은 가톨릭 성직자를 수출하는 나라가 되었다. 이것 역시 매우 특이한 현상이다. 1980년대 당시의 한국은 가톨릭의 역사가 약 이백 년밖에 안 되었는데 벌써 성직자를 다른 나라에 보내 선교를 했으니 말이다. 게다가 한국의 역대 대통령을 보면 가톨릭 신자가 적지 않다. 장면 전 총리는 말할 것도 없고 김대중이나 문재인 전 대통령의 경우가 그 사례인데 이것도 대단히 특이한 현상이다. 아시아 국가 중에 기독교인 대통령을 지닌 나라는 거의 없기 때문이다. 인도나, 동남아, 중국, 일본을 통틀어 보아도 한국밖에는 이런 예가 없다. 여기에 개신교도 대통령까지 포함하면 한국의 역대 대통령은 반 이상이 기독교도다.

가톨릭의 기록에 대해 더 첨가할 것들이 있지만 이제 볼 개신교에는 더 대단한 기록이 많아 개신교로 넘어가야겠다. 개신교가 보유한 기록도 전 세계 개신교 사상 유례가 없는 대단한 것이다. 이 기록 가운데 크게 눈에 띄는 것만 골라서 보기로 하자. 먼저 현재 2020년대 개신교는 한국에서 가장 신도 수를 많이 지닌 종교가 되었다. 개신교도의 수는 대체로 800~900만 명으로 집계되고 있는데 이것은 약 750만 명에 달하는 불교 신도 수를 훌쩍 상회

⊕ 십자가로 뒤덮인 한국의 도시. © 오마이뉴스

한다. 불과 20~30년 전만 해도 한국의 종교 판도는 이렇지 않았다. 당시까지 불교는 신자 수 면에서 항상 부동의 1위를 차지하고 있었는데 최근에 와서 순서가 뒤집힌 것이다. 불교의 신자 수는 항상 기독교의 신구교 신자수를 합한 것보다 많았다. 그랬던 것이 불교의 신자 수가 기독교의 일개 종파인 개신교의 신자에도 밀린 것이다. 이것은 젊은이들이 점차 불교를 외면하면서 생긴 현상일 것이다. 반면에 개신교는 발전을 거듭했는데 다른 아시아 국가에서는 기독교 신자들이 늘어나는 일이 잘 발생하지 않았을 뿐더러 설령 늘어난다 해도 그것이 전통 종교의 신자 수를 능가하는 일은 절대로 벌어지지 않았다. 그런데 한국서는 이런 일이 벌어졌으니 특이하기 짝이 없는 것이다.

한국 개신교가 지니고 있는 세계적인 기록을 보면 위에서 말한 개신교의 이례적인 성공을 이해할 수 있을 것이다. 한국 개신교의 경이적인 기록 가운데 첫 번째는 말할 것도 없이 전 세계에서 가장 큰 교회가 한국에 있다는 것이다. 잘 알려진 것처럼 여의도에 있는 순복음교회가 그 주인공이다. 이 교회는 단일 교회로서 신자 수를 가장 많이 보유하고 있기 때문에 이런 기록을 갖게 된 것이다. 1958년 서울 은평구(당시는 서대문구)에 낡은 천막을 치고 5명의 신도로 시작한 교회가 많을 때에는 신자 수가 80만 명을 상회했다고 하는데 전 세계에 한 교회가 이렇게 많은 신자를 확보한 예는 없다. 한국에 개신교가 전래한 지 백여 년 만에 이렇게 큰 교회가 나왔다는 것은 실로 대단한 일이라 하겠다.

한국 개신교의 기록은 이어진다. 전 세계에서 가장 큰 교회 10개를 뽑으면 여의도 순복음교회를 포함해서 4개가 한국 교회라고 한다. 이것도 대단하지만 다음 기록도 믿을 수 없다. 세계 50대 교회 가운데 20여 개가 한국 교회라고 하니 말이다. 절반이 조금 안 되는 숫자가 한국 교회라니 얼마나 대단한 일인가? 한국에는 이런 교회 말고도 신자 수가 1만 명이 넘는 대형 교회가 10여 개가 더 있다고 한다. 그렇게 되면 한국에는 대형 교회가 30~40개가 되는 셈인데 이런 기록을 보면 흡사 한국인들은 미국에서 개신교가 전교되기만 기다렸던 사람들 같다.

그뿐만이 아니다. 한국에는 미국에서 들어온 개신교 교단 중 주요 교단으로 장로교나 감리교가 있다. 그런데 이 교파의 교회 가운데 전 세계적으로 가장 큰 교회가 모두 한국 교회라고 하니

○ 연세중앙교회 궁동성전은 내부 좌석 수가 1만 5,000석에 달한다.　　© 연세중앙교회 인터넷신문

입이 있어도 말이 안 나올 지경이다. 한국 개신교가 달성한 기록을 보면 어안이 벙벙해지는데 이 현상을 대체 어떻게 해석하면 좋을까? 한국 개신교는 대부분 미국에서 들어온 것이다. 독일이나 영국서 들어온 개신교단도 있지만 한국에서는 맥을 못 추고 있다. 개신교의 연원을 보면 미국은 한국에게는 부모와 같은 국가라 할 수 있다. 그런데 자식에 불과한 한국 개신교가 부모에 해당하는 미국 개신교를 여러 면에서 능가했으니 어찌 대단한 일이 아니겠는가? 미국이 전 세계 여러 국가에 개신교 선교사를 많이 보냈지만 한국처럼 미국 개신교를 받아들인 나라는 없다.

　　또 하나 흥미로운 사실은 한국의 개신교가 증가하는 추세는 한국이 미국화되는 과정과 거의 일치한다는 사실이다. 한국 개신교의 신자 수가 폭발적인 증가를 보인 것은 1980년대 이후의 일이라고 했다. 당시는 개신교 신자가 전년에 비해 400%까지 증가한 적도 있을 정도로 사람들은 교회로 몰려들었다. 이것은 한국에서 미국화 과정이 결실을 맺는 시기와 일치한다.

한국은 1945년에 해방이 된 다음 미국 문화의 절대적인 영향 밑에 놓이게 된다. 이때부터 한국인들은 삶의 모든 분야에서 미국적인 것을 지향하기 시작했다. 한국은 당시 미국식 자유민주주의를 전적으로 받아들이고 정치 제도나 경제 체제를 모두 미국식으로 재편한다. 그뿐만이 아니라 교육 체제도 거의 미국 것을 모방해서 만들었다. 미국화 과정이 이렇게 시작되었는데 이것이 빛을 보게 된 것은 1980년대 이후이다. 눈으로 보이는 체제는 비교적 빠른 기간에 미국화 할 수 있었지만 인간의 정신을 관장하는 종교는 쉽게 미국화되지 않았다. 그러나 1980년대 이후부터 한국인들은 불교나 유교 같은 전통 종교가 제시했던 세계관보다 미국의 개신교가 제공하는 정신세계가 더 우위에 있다고 생각해 개신교(그리고 가톨릭)로 대폭 기울어지게 된 것이다. 정신 면에서 미국의 개신교가 전통 종교인 불교(그리고 유교)를 누르고 일단은 승리한 것이다.

## ✳ 한국은 동서양의 대표 종교가 각축하는 특이한 나라 ✳

이 정도 보았으면 기독교가 한국 종교계에서 어떤 위치를 차지

○ 조계사 전경.

하고 있는지 알 수 있었을 것이다. 이런 현상을 통해 내릴 수 있는 결론은, 한국은 전 세계 국가 가운데 거의 유일하게 동서양의 대표 종교들이 다 들어와 있을 뿐만 아니라 그 종교들이 비슷한 세력을 갖고 각축하고 있다는 사실이다.

한국인들은 시내에서 교회와 절을 같이 목격하더라도 그것을 이상하게 생각하지 않는데 다른 나라와 비교해 보면 이것은 매우 특이한 현상이라 할 수 있다. 그중에 아주 재미있는 사례 하나만 소개해 보자. 서울 시내 인사동 주변에는 조계사라는 절이 있다. 이 절은 한국 불교를 대표하는 조계종의 본부 사찰이다. 가톨릭으로 말하면 명동 성당의 역할을 한다고 할 수 있을 것이다. 그런데 그 조계사 정문 앞길을 건너가면 세계 개신교 4대 이단 중의 하나인 속칭 '제칠일 안식일 교회'에 소속된 교회가 하나 있다. 이 교단은 사람들에게 잘 알려져 있지 않지만 서울 휘경동에 소재한 이른바 '서울위생병원(현 삼육서울병원)'을 운영하는 교단으로 한국에 전교된 지도 100년이 넘었다. 한국에는 이 교단 말고도 개신교 계통이면서 이단으로 지목받는 종단, 예를 들어 여호와의 증인 등과 같은 교단들도 활발하게 활동하고 있다. 그런데 미국의 기독교 계통 신종교이자 이단 종파로 지목된 미국 교회가 한국의 수도 한복판에, 그것도 한국 불교의 대표종단 본부 옆에 있다는 것은 한국에서 개신교가 얼마나 흥하고 있는지를 보여준다고 하겠다. 이 같은 모습은 아시아의 다른 국가에서는 결코 찾아 볼 수 없는 현상이다.

앞에서 한국에는 동서양을 대표하는 종교가 각축을 하고 있다고 했는데 이것을 조금 더 구체적으로 보자. 앞에서 우리는 세계 종교가 두 축에서 나온 것을 확인했다. 두 축이란 대표적인 동양 종교를 산출한 인도와 서양의 주요 종교를 생산한 이스라엘을 말한다. 누구나 아는 것처럼 인도에서는 힌두교와 불교가 생겨났고 이스라엘에서는 유대교와 기독교(그리고 이슬람)가 파생됐다. 한국은 이 가운데 두 종교, 즉 불교와 기독교가 들어와 있다. 그런데 이렇게 두 종교가 있다는 게 중요한 게 아니라 이 두 종교가 비슷한 세력으로 경쟁하고 있다는 게 특이하다. 이 점은 각 종교의 신자 수를 보면 쉽게 알 수 있다.

한국의 종교 인구는 조사 기관마다 조금씩 다르게 나오지만 대체적인 숫자를 보면 다음과 같다. 2021년 갤럽 조사에 따르면, 전 인구 가운데 종교 인구가 약 40% 정도 된다. 이렇게 잡았을 때 이 가운데 가장 큰 종교인 개신교가 약 17%를 차지하고 불교가 약 16%, 가톨릭이 약 6%를 차지한다. 이것을 다시 기독교와 불교로 나누면 기독교(신구교)는 23%, 불교가 16%가 된다. 원래는 기독교의 신구교 신자 수를 합한 것보다 불교의 신자 수가 항상 많았는데 이제는 이렇게 확연하게 역전되었다. 그러나 여전히 두 종교가 비슷한 세력을 갖고 있는 것을 알 수 있다.

◑ 일본은 상업적으로 크리스마스를 이용하지만 실제는 공휴일 지정조차 하지 않고 있다.

한국 종교계의 이런 모습은 다른 나라에서는 발견할 수 없는 매우 특이한 현상이다. 예를 들어 미국 같은 나라는 온갖 종교가 다 들어와 번성하고 있지만 기본적으로 기독교(개신교)의 나라인 것을 부정할 수 없다. 아랍은 이슬람 일색이고 동남아시아 국가들은 불교 아니면 이슬람이 주 세력을 이루고 있다. 중국은 완전히 공산주의가 득세했고 일본은 신도와 불교의 나라이기 때문에 서양 종교는 세가 미미하다. 특히 일본은 기독교도가 총인구의 1%도 안 되니 한국과는 큰 대조를 이룬다.

그런데 한국처럼 종교가 통일되어 있지 않고 여러 종교가 난립하여 있는 지역이 있으면 그런 곳은 앞에서 본 것처럼 종교분쟁을 피하기 힘든 법이다. 지금까지 설명한 종교분쟁 지역을 보면 모두가 그런 경우 아니었던가? 그런데 한국에서는 왜 종교분쟁이 일어나지 않을까? 이는 매우 흥미로운 주제가 아닐 수 없다. 이제 그 이유를 하나하나 짚어 보도록 하자.

## 우리나라는 왜 종교분쟁이 일어나지 않을까?

★ ★ ★

한국 종교에 관심 있는 사람들은 통상적으로 '한국은 여러 종교가 공존하는 다종교 사회이지만 한국인들이 지혜로워 이 종교들이 평화롭게 지내고 있다'라는 말을 한다. 그러면서 한국인들이 종교적으로 수준이 높아 서로를 포용하기 때문에 이런 일이 가능하다고 주장한다. 그런데 이것은 그다지 사실로 보이지 않는다. 왜냐하면 언론에 보고되지 않아서 그렇지 사실 한국에도 종교 사이에 갈등이 상당히 있었고, 현재에도 진행 중이기 때문이다. 그런데도 한국인들이 그 사정을 잘 모르고 있는 것은 언론이 이런 사건에 대해 상세하게 보도하지 않기 때문이다. 한국 언론은 신문이건 방송이건 종교 갈등과 같은 종교의 어두운 면에 대해서는 잘 보도하지 않는다. 특히 어떤 종교의 부조리를 고발할라치면 그 언론사

○ 특정 교회의 신도들이 MBC에 난입한 현장.        © 중앙일보

는 마음을 단단히 먹어야 한다. 그 종교의 신자들이 언론사에 몰려와 마구 행패를 부리기 때문이다. 그 때문에 그 언론사의 기능이 마비되는 경우도 있었다. 실제로 이런 일이 있었다. 1999년에 MBC 방송이 어떤 교회의 비리를 파헤치는 시사 프로그램을 방영하자 그 교회의 신자들이 방송국에 난입해 주조정실을 점거한 탓에 수십 분 동안 방송이 중단되는 초유의 사태를 겪기도 했다. 지상파 방송이 외부의 힘으로 중단되는 것은 쿠데타 같은 비상시에만 일어나는 일인데 어이없게 일개 교회 신도들에 의해 같은 일이 벌어진 것이다. 종교 교단을 건드리면 이와 비슷한 일들이 일어나기 때문에 언론들은 가능한 한 종교에 대해 부정적인 기사나 뉴스를 내보내지 않으려고 한다.

## ✳ 한국에서 보이는 종교 갈등은? ✳

한국에서 일어나는 종교 갈등의 유형은 거의 정해져 있다. 대부분 '개신교 대 불교' 사이에서 일어나기 때문이다. 그렇다고 쌍방이 서로 위해를 가하는 것은 아니고 대부분 개신교가 불교를 일방적으로 공격하는 것으로 되어 있다. 그러니까 불교는 개신교에 대해 어떠한 참견이나 공격도 하지 않는데 개신교가 불교를 못살게 군다는 것이다. 그런 개신교는 불교 외에 다른 종교에 대해서는 그다지 공격하지 않는다.

개신교는 앞에서 말한 것처럼 가톨릭이 이단적인 교리를 갖고 있다고 비난은 하지만 가톨릭교회에 대해 직접 물리적인 폭력을 행사하지는 않는다. 예를 들어 개신교도가 불상을 훼손했다는 소식은 자주 접하지만 성당에 모셔져 있는 마리아상을 파괴했다는 소리는 잘 들리지 않는다. 그런가 하면 가톨릭과 불교 사이에는 어떤 갈등도 보이지 않는다. 가톨릭교도가 절에 난입해 방화를 한다거나 기물을 파괴하고 오만불손한 태도를 보였다는 이야기는 접한 적이 없다.

한국 개신교도가 한국 불교에 가한 위해(危害) 행위는 하도 많아 일일이 거론하기 힘들다. 가장 흔한 일이 불상 훼손과 사찰 건물에 대한 방화이고 절의 기운을 누르겠다면서 절 안에 들어가 찬송가를 부르고 기도하는 일도 종종 있었다. 불상을 훼손하는 일과 동시에 많이 벌어지는 일은 불상 위에 빨간 페인트로 십자가를 그리는 것이다. 수십 년 전의 일이지만 동국대학교 중앙 광장에서 이와 같은 일이 있었다. 이 광장의 중앙에는 입상(立像)으로 불상이 하나 서 있는데 이 위에 개신교도 학생들이 빨간 십자가를 그려 넣은 것이다. 불교 교단이 세운 학교에서 이런 일은 하는 것은 대단히 발칙한 일인데 일부 과격한 개신교도들이 이를 서슴없이 자행했다. 반대로 생각해 보면 이 일이 얼마나 못돼먹은 행동인지 알 수 있다. 이화여대는 개신교 목사가 세운 학교다. 그래서 학교 내에 큰 교회가 있고 모든 학생은 매주 한 번씩 예배, 즉 채플을 보아야 한다. 그런데 어떤 불교도 학생이 이 교회에 있는 십자가 밑에 빨간 페인트로 절을 뜻하는 卍(만) 자를 그렸다고 하자. 아마도 학교는 물론 전 개신교단이 들고 일어나 규탄했을 것이다. 동국대를 다니던 개신교도 학생이 한 일은 이와 같은 만행을 불교계에 한 것인데 그때 큰 소요 사태 없이 지나갔던 것으로 기억한다.

불교에 대한 모독은 여기서 끝나는 것이 아니다. 이외에도 불상에 오물을 뿌리거나 못을 박아 훼손하는 등의 일도 많이 자행되었다. 이런 사건 중에 가장 악랄한 것은 십수 년 전에 제주도의 한 절에서 일어난 훼불 사건이다. 어떤 개신교도가 이 절에 모셔져 있던 750구의 불상의 목을 자른 적이 있었다. 돌로 만든 불상이니 그 손실 비용이 만만치 않았을 텐데 그 일을 자행한 범인은 일말의 뉘우침도 없었다. 외려 자신은 신앙에 충실한 행동을 했다고 우겼다. 남의 재산에 손해를 끼쳐놓고도 뉘우침이 없으니 그가 제정신이 있는지 의심스럽다. 그런데 이 끔찍한 사건은 국내 주요 언론에는 보도되지 않았다. 이것을 보도하면 개신교가 언짢아 할 것이라는 생각에 따라 아예 보도를 포기한 것이다. 그리고 개신교 교단 측에서도 이런 사건에 별 관심을 두지 않았다. 일부 정신나간 개신교 신자가 자행한 일이지 자기 교단과는 아무 관계가 없다는 식이었다. 이처럼 어느 누구도 이 일에 대해 책임지려고 하지 않았다. 하는 수 없이 문화부 종무실에서 불교 대표와 개신교 대표를 불러 대화의 자리를 마련했는데 그 성과는 거의 없었다.

불상 훼손 못지 않게 잊을 만하면 일어나는 것이 사찰 방화다. 극렬한 개신교도들이 절을 마귀의 소굴이라고 부르짖으며 불을 지르거나 하는 것이다. 이 화재 피해를 입은 사찰은 의외로 많

◐ 2020년 개신교 신도의 방화로 잿더미가 된 경기도 수진사 내부 모습.　　　ⓒ 남양주소방서

다. 예를 들어 여수의 향일암은 한려수도의 비경을 볼 수 있는 아주 유명한 사찰인데 이곳도 개신교도가 불을 질러 전소되었다. 이런 절들이 한둘이 아니다. 서울 수유리에 있는 화계사에는 외국 승려들이 머무는 국제 선원[9]이 있다. 이 건물에 한 개신교도가 불을 질렀는데 법당이 아니라 외국 승려들이 기거하는 숙소에 불을 질렀다고 한다. 그래서 절 측으로부터 '법당도 아니고 어떻게 사람이 사는 집에 불을 지를 수 있나'라는 지탄을 받기도 했다. 또 이

9　　　선(禪)을 교육하고 실수(實修)하는 불교의 전문교육기관.

런 적도 있었다. 어떤 개신교도들이 사찰 마당에서 자신들의 모임을 하겠다고 해 절 관계자들과 실랑이를 벌였다. 그 과정에서 밀고 밀리다가 승려 한 사람이 넘어져 죽는 일이 발생했다. 이것도 참으로 어이없는 일이라고 할 수 있다. 다른 종교 기관에 가서 자기네들의 모임을 하겠다고 하니 말이다. 만일 승려들이 교회에 들어가서 염불을 하겠다고 하면 어느 기독교도가 허용하겠는가? 이런 것에 비해 보면 기독탄일(크리스마스)에 즈음해 조계사 앞에서 개신교도들이 찬송가를 부르는 것은 애교에 가깝다고 봐야겠다.

## ✳ 왜 개신교는 불교에 적대적일까? ✳

같은 기독교인데 가톨릭은 불교에 대해 적대적이지 않은데 개신교는 왜 이렇게 불교에 대해 호전적인 태도를 보일까? 이를 알려면 앞에서 우리가 검토한 각 종교가 다른 종교를 대하는 세 가지 태도를 다시 환기해 보아야 한다. 우리는 이 태도를 배타주의, 포괄주의, 다원주의로 나누어 설명했다. 그리고 배타주의를 택한 종교로 개신교와 이슬람교를 들었다.

이 종교 가운데 개신교가 한국에서 신앙되고 있는데 한국 개신교는 대단한 배타적인 정신을 갖고 있다고 했다. 그래서 한국 개신교도들 가운데 개신교만이 진리라 믿고 있는 신자가 전체 신자 중 90% 이상이 된 것이다. 그렇다면 이런 신앙을 가진 이들이 다른 종교에 대해 가만히 있을 리가 없다는 것은 쉽게 짐작할 수 있

◐ 2017년 세종시 불교문화체험관 건립을 두고 개신교계가 반발 시위를 벌이고 있다.　　ⓒ 디트뉴스24

는 것 아닌가. 그런 개신교가 주요 공격 대상으로 삼은 것이 바로 불교다. 그런데 개신교가 가톨릭에 대해서는 교리적으로는 비판하지만 물리적으로는 실력 행사를 하지 않는다. 이것은 아마도 개신교와 가톨릭은 같은 뿌리에서 나왔고 같은 신을 믿고 있다고 생각하기 때문이 아닐까 한다.

　한국의 개신교는 이처럼 가톨릭은 가만히 놓아두면서 왜 불교는 공격할까? 그것은 불교가 한국 종교계에서 큰 축을 이루고 있기 때문이다. 불교는 나름의 큰 교단이 여러 개 있고 거기에 딸린 승려들도 꽤 많다. 또 신자도 수백만 명을 보유하고 있다. 따라서 그런 큰 종교는 가만 놓아두어서는 안 된다는 것이 한국 개신교도들의 생각이었을 것이다. 불교 같은 우상숭배나 하고 미신적인 교리를 믿는 종교의 세력을 약하게 만들어야 개신교의 세를 더 불릴 수 있다고 생각한 것이다. 한국 개신교도들이 이렇게 생각하고 있다고 추정할 수 있는 것은 그들이 한국 사회에서 별다른 힘을 갖지 못한 종단에 대해 취하는 태도를 보면 알 수 있다. 한국 개신교는 신자 수가 얼마 되지 않는 군소 종단에 대해서는 별 공격을 하지 않는다. 예를 들어 개신교는 대표적인 민족종교라 할 수 있는 천도교나 원불교 등에 대해서는 비난하거나 공격하지 않는다. 그렇다고 친하게 지내는 것도 아니다. 사정이 이렇게 된 것은 이 종단들이 개신교에 위협적이지 않기 때문이다. 따라서 개신교도들은 이 종단들에 대해 무관심으로 대한다.

## ✦ 한국에서 종교분쟁이 일어나지 않는 진짜 이유는? ✦

그러면 개신교가 불교에 대해 쉴 새 없이 공격하는 데도 종교분쟁이 생기지 않는 이유는 무엇일까? 여기에 대한 해답은 앞에서 이미 주어졌다. 그 이유를 단순하게 보면, 개신교는 배타주의적인 진리관을 갖고 있지만 불교는 배타적인 진리관을 고수하지 않기 때문이다. 불교는 앞에서 말한 것처럼 포괄주의적인 진리관을 갖고 있기 때문에 다른 종교에 대해 열려 있다. 그리고 불교는 그 자체가 매우 평화적인 종교다. 불교는 개교한 뒤 이천 오백여 년 동안 전 세계를 대상으로 선교하면서 한 번도 다른 종교를 박해하지 않은 것으로 유명하다. 또 불교가 국가 종교처럼 되어 있는 나라에서도 불교는 다른 종교를 박해하지 않았다. 예를 들어 불교가 국가 종교였던 신라나 고려대에 불교는 유교나 도교, 심지어 이슬람교에 대해 박해를 가한 적이 없다. 이것은 배타적인 진리관을 가

◐ 조계사 앞 크리스마스 연등.

진 기독교나 이슬람에서는 좀처럼 발견할 수 없는 현상이다. 불교는 이처럼 평화로운 종교관을 갖고 있기 때문에 다른 종교로부터 억압을 받아도 보복 차원에서라도 그 종교를 공격하지 않았다.

이 때문에 한국에서 불교가 개신교로부터 엄청난 수모와 공격을 받았지만 개신교를 공격한 적이 없는 것이다. 우리는 개신교도가 불교에 행한 패악질을 보복하겠다고 불교도가 교회에 위해를 가하거나 십자가나 기독교의 경전을 가져다 불태웠다는 소식은 접해 보지 못했다. 개신교도가 이렇게 끈질기게 불교를 괴롭혔다면 불교 측에서도 보복의 행위가 나왔을 법한데 그런 일은 생기지 않은 것이다. 이런 것이 모두 불교가 얼마나 평화적인 종교였는가를 보여준다고 하겠다.

불교는 이러한 태도를 견지하고 있기 때문에 가톨릭과도 전혀 문제가 없다. 문제가 없는 정도가 아니라 이 두 종교는 서로 친숙한 관계까지 유지하고 있는데 만일 가톨릭이 이전에 지니고 있었던 배타적인 진리관을 그대로 갖고 있었다면 두 종교가 이처럼 우호적이지 않았을 것이다. 가톨릭과 불교가 사이가 좋을 수 있는 것은 능히 짐작할 수 있는 것처럼 양자가 포괄주의적인 진리관을 갖고 있기 때문이다. 이 주의를 신봉하는 집단은 상대방을 인정하기 때문에 싸울 일이 없는 것이다.

이러한 생각을 바탕으로 우리는 한국에서 종교분쟁이 일어나지 않는 이유에 대해 이렇게 말할 수 있을 것이다. 그것은 한국의 종단들이 평화를 사랑해서가 아니라 한국 종교를 대표한다고 할 수 있는 세 개의 종단 가운데 2개 종단이 포괄주의적인 진리관을 갖고 있기 때문이라고 말이다. 다시 말해 개신교, 불교, 가톨릭 가운데 배타주의적인 진리관을 가진 교단은 개신교 하나뿐이라 갈등이 생기지 않는 것이다. 개신교가 아무리 배타적인 태도로 다른 종교를 대할지라도 불교와 가톨릭이 포괄적인 태도에 따라 개신교를 호전적으로 대하지 않으니 분쟁이 생기지 않는 것이다. 어디까지나 가정이지만 만일 한국에 개신교와 같은 배타적인 교단이 하나 더 있고 그 교단이 일정한 세력을 갖고 있다면 그때에는 한국에서도 종교분쟁이 생겨날 수 있다. 예를 들어 배타주의적인 면에서 개신교에 버금가는 이슬람이 한국에 뿌리를 내리고 비록 소수지만 일정한 세력을 갖고 있다면 언제든지 개신교와 갈등을 일으킬 수 있다. 그리고 종교분쟁이라는 게 한 번 갈등이 생기면 잘 해결되어 없어지기보다는 서로 보복하면서 더 커지는 경우가 많으니 한국에서도 일단 이런 일이 생기면 해결하기가 어려울 것이다.

다행히도 현재 한국에 이슬람교가 뿌리내릴 징후는 전혀 보이지 않는다. 한국 이슬람의 현황을 보면, 한국인 신자가 약 6만 명이라고 하는데 외국인 신자는 이것의 몇 배가 되어 약 26만 명에 달한다고 한다. 이 한국인 신자 6만 명이 적은 것은 아니지만 이들은 사회 요직에 들어가 있지 못하다. 지금 한국의 정치계나 경제계, 교육계, 학계 등 사회 전반에서 요직에 앉아 있는 무슬림은 보이지 않는다. 그들은 이처럼 한국 사회에서 세력을 형성하지 못하고 있기에 한국의 개신교(그리고 가톨릭)에 대항해서 종교적인 갈등을 일으킬 만한 여력이 없다. 그리고 앞으로도 한국 사회에서 이슬람교가 세력화되는 일은 일어날 확률이 극히 낮다. 이유는 간단하다. 한국 사회처럼 이슬람교에 적대적인 기독교가 굳건하게 자리를 잡고 있는 나라에서는 이슬람교가 선교에 성공할 기회가 오지 않는다. 개신교와 이슬람교는 서로 배타적이라 다른 한 종교가 성장하는 것을 용납하지 않기 때문이다.

이렇게 보면 한국의 종교분쟁은 지금 이 상태에서 더 커지지

○ 이슬람 사원 건축 문제로 둘로 나뉜 지역 여론.        © BBC

않을 것이라는 결론에 다다르게 된다. 게다가 종교계 자체가 지금 계속해서 움츠러들고 있는 상태에 있기 때문에 종교 간의 갈등은 지금 이상으로 확대되지는 않을 전망이다. 지금 한국 종교계는 기독교, 불교를 막론하고 젊은 세대들이 서서히 종교를 외면하고 있어 신자의 수는 갈수록 줄어들 것으로 추정된다. 신자가 줄면 갈등의 여지도 그만큼 줄 것이 틀림없다. 그러니 한국 사회에서 종교 간의 갈등 문제는 크게 걱정할 일은 아닐 것이다.

그런데 이 장을 끝내면서 한 가지 특기할 만한 사실이 있어 마지막으로 첨가하고 싶다. 한국은 종교 간의 대화가 활발한 나라라는 것이다. 이 현상은 한국 종교계를 빛나게 해주는 일이라 여기서 마지막으로 소개해 보려 한다.

# 대단히 일찍 시작한 한국의 종교 간 대화

★ ★ ★

한국은 앞에서 본 것처럼 대표적인 다종교 사회인데 종교 간 대화를 상당히 일찍 시작한 기록을 갖고 있다. 다종교 국가는 많이 있다. 예를 들어 말레이시아 같은 나라 역시 이슬람교, 불교, 기독교, 힌두교가 존재하는 다종교 국가다. 이에 더해 다수의 중국인은 그들의 고유의 종교를 믿고 있다. 이렇게 보면 말레이시아는 종교적으로 매우 다양한 국가라고 할 수 있다. 그러나 이 종교들 간에 공식적이고 정기적인 대화 창구가 있다는 소식은 들은 적이 없다. 이것은 말레이시아처럼 다종교 국가인 인도네시아도 마찬가지다. 아마 이들 나라는 배타적인 성향이 강한 이슬람교가 지배하고 있어 종교 간의 대화에 나설 생각이 없는 듯하다.

사실 한국도 다종교 사회이지만 각 종교의 성직자들은 종교 간의 대화에 대해서 그리 관심이 없었다. 원래 기성 종단들은 다른 종단에 대해 그다지 관심이 갖지 않는 법이다. 자기네 종단 일도 바쁘고 해결할 일이 많은데 다른 종단의 일에 관여하거나 대화하는 일은 언감생심일 것이다. 그렇지 않겠는가? 가톨릭 신부는 신자들의 목자 노릇을 하기 바쁘고 불교 승려들은 수련하기 바쁠 텐데 어느 시간에 다른 종교인들과 만나서 협력 사업에 대해 논하겠는가? 게다가 대부분의 종교는 자신들만이 진리를 소유하고 있다고 생각하는 경향이 있기 때문에 진리성이 떨어지거나 비진리적인 가르침을 주장하는 다른 종교와 대화할 생각을 하지 않는 법이다.

그런데 한국은 1965년이라는 상당히 이른 시기에 종교간 대화를 시작해서 전 세계 종교계의 주목을 받았다. 물론 종교 간 협력 사업은 이보다 훨씬 일찍 시작했다. 잘 알려진 것처럼 3.1 운동이 대표적인 사례다. 이때 한국의 주요 교단인 천도교와 개신교, 불교가 합심하여 거국적인 독립운동을 한 것은 한국 종교사에서 찬란히 빛나는 업적이다. 그러나 이때는 종교들이 사회적인 문제를 해결하기 위해 협력한 것이지 종교 간에 진지한 대화를 한 것은 아니다. 그래서 한국에서 일어난 종교간 대화의 시작은 1965년 으로 잡는데 이것은 한 사람의 걸출한 목사가 있었기 때문에 가능한 것이었다. 이 사람은 개신교의 강원용 목사로 그는 인간 사이의 '대화'를 가장 중시한 종교인이었다. 한국 사회에 문제가 많은 것은 계층 간이나 남녀 사이, 또 자본가와 노동자 사이에 대화가 부족하기 때문이라는 것이 강원용의 주장이었다. 그런 시각에서 보면 한국은 다종교 사회이니 종교 간의 대화가 필요한 것은 당연한 것이었을 것이다. 여기에는 한국을 대표하는 6대 종단, 즉 개신교와 불교, 가톨릭, 원불교. 유교, 천도교가 참여했다. 특히 주목할

◎ 한국 최초의 종교간 대화 모임(1965년).

만한 것은 이 모임에 강원용 목사를 비롯해 가톨릭의 김수환 추기경, 불교의 청담 등 당시 한국 종교계를 대표하는 성직자들이 참여했다는 사실이다.

이렇게 물꼬를 텄지만 조직적으로 종교 간의 대화를 시작한 것은 1986년에 한국종교인 평화회의(KCRP)가 결성된 다음부터였다. 이 해에 아시아종교인 평화회의의 총회가 한국에서 열리게 되면서 자연스럽게 한국에서도 같은 이름의 단체가 형성되었다. 이때에도 강원용 목사가 주도했기 때문에 그가 초대 회장을 맡아서 모임을 시작했는데 그와 뜻을 같이 하는 개신교 목사들이 많이 참여하게 된다. 그 가운데 가장 두드러지는 사람은 감리교 신학대학장을 역임했던 변선환 목사인데 그는 '교회 밖에도 구원이 있다'는 주장을 공공연히 했다가 감리교단으로부터 종교 재판을 받게된다. 그의 발언은 기존 기독교에서는 용납할 수 없는 것이라 그는 목사 직 박탈은 물론이고 교단으로부터 축출되는 가장 강한 선고를 받았다. 유럽식으로 말하면 파문을 당했다고 해야 할 것이다. 이 사건은 당시 한국 개신교가 얼마나 배타적인 진리관을 갖고 있었는지를 보여주는 좋은 사례다.

한국종교인 평화회의는 초기에는 6대 교단으로만 운용되었으나 후에 '민족종교협의회'라는 단체가 가입해 같이 활동하고 있다. 민족종교협의회는 19세기 이후에 한국인이 세운 천도교나 원불교를 비롯해 증산 계통의 종단들이 만든 단체인데 10여 개의 교단이 가입해 있다. 이 한국종교인 평화회의는 타종교를 이해하

◆ 2022년 한국종교인 평화회의 신임 회장으로 손진우 성균관장이 취임하는 모습.

자는 취지 아래 청년들을 중심으로 상대방 종교의 기관을 방문해서 대화를 한다거나 교리에 대한 강좌를 듣는 프로그램을 진행한다. 또 다양한 종교 유적지를 방문해서 이웃 종교를 심도 있게 이해하려는 작업도 하는데 이전에는 남북 종교인 모임도 활발하게 했으나 2022년 현재 이 활동은 거의 하지 못하고 있다. 어떻든 이렇게 종교를 넘어서 서로 이해하려고 캠프나 강좌를 열고 같이 순례를 떠나는 일을 하는 것은 국내에서 이 단체가 유일하다. 게다가 전 세계적으로도 비슷한 사례를 찾아볼 수 없는 것이라 한국 종교계의 자랑이라고 할 수 있다.

이렇게 우리는 한국의 종교적 상황에 대해 살펴보았고 한국은 다종교 사회임에도 불구하고 왜 종교적 분쟁이 일어나지 않는가에 대해 알아보았다. 다종교도 그냥 다종교가 아니고 동서양을 대표하는 기독교와 불교가 비슷한 세력으로 각축하고 있다는 점에서 한국의 예는 종교현상학적인 면에서 매우 독특한 것이라고 했다. 지구상에는 다종교 국가가 많이 있지만 어느 한 종교가 우세하고 여타 종교들은 약세인 경우가 대부분이었다. 앞에서 예를 든 말레이시아를 보면 무슬림이 종교 인구의 60% 이상을 차지하고 나머지를 불교, 기독교, 힌두교 등이 나누어서 차지하고 있어 이슬람교가 절대 우위를 차지하고 있는 것을 알 수 있다.

이에 비해 한국은 절대 우위를 보여주는 종단이 없고 불교와 기독교가 비슷한 세로 있다. 그런데도 종교 갈등이 비교적 적은 것은 배타주의적인 진리관을 가진 종교가 하나만 있기 때문이라고 했다. 즉 개신교만이 배타적인 태도를 취하고 불교와 가톨릭은 배타적이지 않아 다툼이 일어나지 않는다는 것이다. 그래서 한국 종교계에 만일 이슬람교 같은 배타성이 강한 종교가 일정한 세력으로 자리를 잡으면 갈등이 일어날 확률이 대단히 높아질 것이라고 전망했다. 이러한 시각에서 보면 말레이시아는 종교 갈등이 일어날 가능성이 크다. 왜냐하면 이슬람과 개신교처럼 배타적인 종교가 공존하기 때문이다. 실제로 말레이시아를 살펴보면 갈등이 크게 일어나는 것은 아니지만 무슬림들이 교회에 방화하거나 목사를 납치하는 등 작은 갈등이 꾸준하게 있는 모양이다. 이런 현실을 볼 때 한국에는 아직 이슬람 세력이 미미해 종교 갈등이 일어나지 않는 것이라고 했다. 또 이런 현상은 앞으로도 크게 바뀌지 않고 이어질 것이라고 예상할 수 있다.

❶ 한국의 종교 상황은 전 세계에서 유례를 찾아보기 힘들 정도로 특이하다고 하는데 어떤 점이 그런 것일까? 한국의 종교적 상황은 같은 동북아시아 국가인 일본과 중국과 어떻게 같고 다른가?

-------------------------------------------

-------------------------------------------

-------------------------------------------

-------------------------------------------

-------------------------------------------

-------------------------------------------

❷ 한국의 기독교는 세계 기독교 역사에 남을 많은 기록을 갖고 있다고 하는데 그 내막은 어떤 것인가? 한국 기독교가 그런 기록을 갖게 되는 사회적 배경은 무엇일까?

-------------------------------------------

-------------------------------------------

-------------------------------------------

-------------------------------------------

-------------------------------------------

-------------------------------------------

❸ 한국은 다종교 사회이기 때문에 소소한 종교 갈등이 있었는데 구체적으로 어떤 것이 있었을까? 그럼에도 불구하고 한국은 종교분쟁이 일어나지 않는 지역으로 유명한데 그 이유는 무엇일까?

❹ 한국 역사에서 종교 간 협력 사업으로 큰 성과를 낸 사례는 무엇일까? 또 한국은 종교 간의 대화를 일찍 시작한 국가로도 유명하다. 그 과정은 어떠했으며 어떤 성과를 가져왔을까? 종교분쟁과 관련해서 한국 종교의 미래를 어떻게 전망하는가?

이제 이 책을 마칠 때가 되었다. 인류가 벌인 종교분쟁이 현재 어떤 모습을 띠고 있고 왜 그런 일이 생겼는가를 보았으니 책을 마무리하면서 종교분쟁의 미래에 대해 진단하면 어떨까 하는 생각이다. 쉽게 말해 종교분쟁이 종식될지, 아니면 어떤 식으로 변화할지에 대해 보자는 것이다. 조금 성급하지만, 결론부터 말하면 종교분쟁은 쉽게 종식되지 않을 것이다.

우리는 본론을 통해 대부분의 종교분쟁은 배타주의적인 진리관을 가진 종교들이 일으킨다는 것을 알았다. 그런데 이러한 배타적 진리관은 기독교나 이슬람교 같은 유일신을 믿는 종교가 표방하기 쉬운 태도다. 종교 외에도 공산주의나 나치즘, 마오이즘과 같은 정치 이데올로기 역시 배타적인 진리관을 갖고 있다. 종교분쟁은 이 같은 종교나 이데올로기가 득세하는 지역에서 일어났고 현재도 일어나고 있다. 여기에는 불교나 힌두교를 믿는 지역을 제외한 모든 곳, 그러니까 서구나 북미, 호주, 남아메리카, 아프리카, 중국, 동남아 일부 지역이 포함될 것이다.

그런데 이 중에 구미나 호주, 남아메리카에서는 종교분쟁이 거의 일어나지 않고 있다. 왜일까? 이 지역은 대부분 가톨릭과 개신교를 믿는 곳이라는 종교적 특징이 있다. 이처럼 기독교가 득세하는 지역에는 이슬람교가 성행하기 힘들다. 그리고 이슬람교가 없으면 일단 종교분쟁이 일어날 확률이 현저하게 낮아진다.

기독교는 배타주의를 표방하는 유일신교임에도 불구하고 어째서 종교분쟁이 일어나지 않는 것일까? 이 점에 관해서는 앞에서 이미 진단했지만 우선 가톨릭은 배타주의적인 태도를 포기하고 다른 종교를 인정하는 포괄주의를 택했다. 사실 종교분쟁으로 따지면 가톨릭이 그 원조라 할 수 있다. 가톨릭은 최근까지도 지극히 배타주의적인 태도를 견지했으며 그 대표적인 예는 말할 것도 없이 십자군 전쟁이라 할 수 있다. 이 전쟁은 서유럽의 기독교도들이 자신들의 성지라 할 수 있는 예루살렘을 무슬림으로부터 탈환하기 위해 11세기 말에서 13세기 말까지 무려 200년 정도를 싸운 전쟁이다. 그야말로 전형적인 종교분쟁인 것이다.

가톨릭은 이외에도 수많은 종교분쟁을 일으켰지만 제2차 바티칸 공의회 이후 포괄주의적인 태도를 표방하며 1960년대 중반 이후로는 분쟁을 일으키지 않았다. 이는 개신교도 비슷하다. 특히 서구 개신교는 (물론 교파 별로 편차가 있지만) 타종교에 대해 매우 개방적인 태도를 보이고 있다. 어떤 종파는 가톨릭보다 더 개방적인 태도를 취해 다원주의적인 입장을 표방하는 경우도 있다. 가장 큰 교회협의회인 세계교회협의회는 아예 종교다원주의를 옹호하고 있으니 가톨릭보다 진일보한 것을 알 수 있다. 이런 주장을 하는

◐ 1962년부터 1965년까지 열린 제2차 바티칸 공의회. 2,800명이 참가했다.

종교들은 종교분쟁을 일으킬 가능성이 희박하다. 게다가 서구는 자유민주주의를 신봉하고 있는데 이 이념을 택한 국가 간에는 전쟁이 나지 않기 때문에 더더욱 종교분쟁이 있을 수 없다.

반면 이슬람교는 배타주의적인 진리관을 갖고 있어 분쟁을 일으킬 소지가 항상 존재한다. 사실 이슬람교는 근대 이전까지는 상당히 선진적인 종교였다. 신학이나 과학의 수준은 기독교를 능가했고 다른 종교를 인정하는 등 종교적으로도 탄력적인 태도를 보여주었다. 그랬던 이슬람교가 현대 사회로 넘어오면서 모든 것이 서구에 밀리면서 고착화되는 현상을 겪는다. 기독교는 현대화에 성공해 종교적으로 탄력적인 태도를 갖게 되는데 이슬람교는 현대화되는 속도가 늦어 봉건적인 종교의 틀을 제대로 벗어나지 못한 것으로 보인다. 게다가 서구와 종교 이외의 문제로 잦은 전쟁이 있으면서 이슬람은 더 보수화된 것 같은 인상을 받는다.

이러한 여러 가지 정황을 볼 때 이슬람교가 배타주의적인 태도를 버리고 적어도 포괄주의적인 태도를 취하는 것은 단기간 내에 일어날 것 같지 않다. 그러나 지구 위에서 종교 간의 평화를 가져오기 위해서는 종교의 같고 다름을 불문하고 이슬람교가 변화해서 배타적인 태도를 버릴 수 있게 같이 노력해야 한다. 이것은 이슬람 한 종교의 일이 아니라 인류 전체의 일이라 모든 종교가 나서서 문제 해결에 앞장서야 할 것이다.

# 종교 간의 대화 십계명

종교(이데올로기) 간의 대화를 위한 기본적 규칙

- 레너드 스위들러(미국 템플대학교 종교학과 교수)
- 번역: 최준식(이화여대 명예 교수)

다음에 서술된 것은 종교 간의 대화가 실질적으로 이루어지기 위해서 지켜야 할 근본적인 기본 규칙 혹은 계명을 적은 것이다.

---------------------------------------------

첫째, 대화의 첫 번째 목적은 실재(reality)를 인식하고 이해하는 과정에서 우리 자신이 변화하고 성장하며 그에 따라 알맞게 행동하는 데에 있다. 상대방을 변화시키려는 논쟁은 별 효과가 없다. 오히려 개방적으로 자신에게 변화 가능성을 열어둘 때 나뿐만 아니라 상대방도 변화할 수 있다. 논쟁보다 대화가 훨씬 더 효과적인 것은 이러한 이유에서다.

둘째, 종교 간의 대화는 두 집단, 즉 자신의 종교공동체 안에서는 물론 서로 다른 종교의 공동체 사이에서 쌍방으로 기획되어야 한다. 종교 간의 대화는 개인끼리 이루어지더라도 단체적인 성격을 갖기 때문에 상대방이 신앙을 달리하는 경우는 물론 자신과 같은 신앙을 가진 다른 신자들과도 종교 간의 대화에서 얻은 결실을 서로 나누어 갖는 것이 필요하다.

셋째, 각 참여자는 전적으로 정직하고 성실하게 대화에 임해야 한다. 어떠한 거짓된 태도도 대화에서는 용납되지 않으며, 상대방도 정직함과 성실함을 갖고 있다고 가정해야 한다. 다시 말하면, 상호신뢰가 없으면 대화는 가능하지 않다.

넷째, 종교 간의 대화에서 우리는 우리의 이상(理想)과 상대방의 현실(現實)을 비교해서는 안 된다. 우리는 우리의 이상과 상대방의 이상을, 혹은 우리의 현실과 상대방의 현실만을 비교할 수 있을 뿐이다.

다섯째, 각 참여자는 자신의 입장을 정확하게 밝혀야 한다. 예를 들어보면, 불교도만이 불교도가 되는 것이 어떤 의미를 갖는지 자신의 공동체 안에서 보는 관점에서 정의할 수 있다. 다른 종교를 믿는 사람은 바깥에서 볼 때 상대방의 종교가 어떻게 보이는가를 말할 수 있을 뿐이다. 대화의 참여자들은 서로의 이해를 돕기 위해 상대방이 말하는 바가 자신에게 어떤 의미를 갖는지에 대해 표현하려고 시도해야 한다. 그런 뒤에 상대방은 그 표현에 나타난 자신을 수용할 수 있어야 한다.

여섯째, 대화의 참여자들은 의견의 불일치점에 대해서 요지부동의 가정을 갖고 대화에 임해서는 안 된다. 그 대신 참여자들은 마음을 열고 동감하면서 상대방의 말을 들어야 할 뿐만 아니라 자기 전통과의 합일을 유지하면서 가능한 한 상대방의 의견에 동의하려고 노력해야 한다. 자신의 전통에서 괴리되지 않고는 더 이상 동의할 수 없는 그곳이 바로 의견의 불일치 점이다, 그런데 대부분의 경우 그 지점은 앞서 그릇되게 가정하여 의견이 불일치할 것으로 생각했던 지점과 다른 지점이 되기 일쑤다.

일곱째, 대화는 가톨릭의 제2차 바티칸 공의회에서 언명했듯이 동등한 자격의 사람들 사이나 같은 수준 사이에서만 가능하다. 그리고 대화를 하는 사람들은 서로에게 배우기 위해 대화에 참여해야 한다. 한 종교가 다른 종교에 비하여 우수하거나 열등하다고 생각한다면 대화는 불가능하게 된다. 따라서 서로 다른 두 종교 사이에 진정한 대화가 이루어지려면 양자는 배우려는 자세로 대화에 임해야만 한다. 이렇게 됐을 때만 동등한 수준의 관계가 성립되는 것이다.

여덟째, 대화는 기본적으로 상호신뢰가 있어야만 가능하다. 비록 종교 간의 대화가 단체 차원, 즉 참여자들이 힌두교도이든 불교도이든 일정한 종교공동체의 일원의 자격으로 이루어지지만 직접 대화에 참여하는 것은 오직 개개인이라는 것은 바뀔 수 없는 사실이다. 그런데 개인 사이의 대화는 서로의 신뢰가 없이는 불가능하므로 처음부터 상대방의 가장 곤란한 문제에 천착해 논쟁하는 것은 피하고, 우선 서로에게 공동의

장을 제공할 수 있는 주제에 접근하여 상호신뢰의 토대를 마련하는 것이 현명한 태도일 것이다. 이렇게 해서 상호 간의 인격적 신뢰가 깊어지고 넓어져야 점차로 좀 더 곤란한 문제들을 다루는 것이 가능하게 된다.

아홉째, 종교 간의 대화에 참여하는 사람들은 적어도 최소한이나마 자신들의 종교를 비판할 수 있어야 한다. 종교 간의 대화를 하는 사람은 누구나 특정한 종교의 전통에 소속되어 나름의 확신과 일치감을 갖고 임해야 하지만 이 확신과 일치감은 자기비판을 배제해서는 안 된다. 건전한 자기비판이 없이는 어떠한 대화도 있을 수 없으며 진정한 친밀감도 생기지 않는다.

열 번째, 대화의 참여자들은 반드시 상대방의 종교 안으로 들어가 경험하는 일을 시도해야 한다. 이것은 종교라는 것은 단지 머리만 관계하는 것이 아니라 영혼과 마음을 비롯해 전 존재가 개인적인 차원과 함께 공동체적인 차원에서 관여하는 것이기 때문이다. 존 듄(John Dunne)은 이에 대해 다른 사람의 종교를 체험하기 위해 그 종교 안에 들어갔다가 돌아올 때 우리는 더 밝아지고 넓어지며 깊어져서 돌아오게 된다고 말하고 있다.

--------------------------------------------------

종교 간의 대화에는 다음의 세 단계가 있다. 첫 번째 단계에서 우리는 서로에 대해 잘못 알고 있었던 것을 시정하고 서로를 있는

그대로 바르게 인식하기 시작한다. 두 번째 단계에서 우리는 상대방의 전통 속에도 훌륭한 가치가 있는 것을 알아차리기 시작하고 그 가치를 우리의 전통 속으로 영입하려고 한다. 예를 들어 불교도와 기독교도의 대화에서 기독교도는 내적인 명상을 중요시하는 불교 전통의 진가를 알게 될 것이며, 반면에 불교도는 예언자적이고, 사회정의를 중시하는 기독교 전통의 진가를 알게 될 것이다. 이 종교들의 두 장점은 그 종교공동체에서 전통적으로 고수해온 것이다.

만일 우리가 매우 진지하고 예민한 태도로 끈덕지게 대화에 임한다면 세 번째 단계로 들어갈 수 있다. 이 단계에서 우리는 이전에는 아무도 알지 못했던 궁극적 실재를 함께 탐구하여 새롭고 진실한 영역으로 나아갈 수 있다.

이로써 우리는 대화할 때 가졌던 많은 의문과 통찰, 탐구를 통해 우리가 이제까지 알지 못했던 실재의 새로운 차원에 직면하게 된다. 그런 의미에서 우리는 이 같은 끈기 있는 대화가 실재의 베일을 더 벗겨서 새로운 모습을 만나게 해주는 유용한 수단이라고 말할 수 있다. 마지막으로 우리는 이렇게 알게 된 실재에 맞게 행동해야 하는 것도 잊어서는 안 될 것이다.